edition suhrkamp 2771

Als im März 2020 wegen des Corona-Virus Ausgangsbeschränkungen verhängt wurden, fanden sich viele Menschen wie verwandelt. Sie saßen zwischen ihren wohlbekannten Wänden und fragten sich: Was ist mit mir, was ist mit uns geschehen? Die wechselseitige Abhängigkeit von anderen wurde ihnen ebenso bewusst wie die von einer Umwelt, die längst keine natürliche mehr ist.

In Bruno Latours Essay steht Kafkas Figur Gregor Samsa allegorisch für unsere Situation im Angesicht von Pandemie und Klimawandel. Wir sind auf dem Erdboden der Tatsachen gelandet und haben realisiert, dass es kein Zurück in die alte, von grenzenloser Mobilität und Ressourcenraubbau geprägte Normalität geben kann. Stattdessen müssen wir uns neu in jener hauchdünnen kritischen Zone verorten, die Leben auf dem Planeten Erde ermöglicht.

Bruno Latour, geboren 1947, ist emeritierter Professor am Institut d'études politiques in Paris. Für sein umfangreiches Werk hat er zahlreiche Preise und Ehrungen erhalten, darunter den Siegfried Unseld Preis und den Holberg-Preis. Im Suhrkamp Verlag erschienen zuletzt *Kampf um Gaia. Acht Vorträge über das neue Klimaregime* (2017) und *Das terrestrische Manifest* (2018).

Bruno Latour

Wo bin ich?

Lektionen aus dem Lockdown

Aus dem Französischen
von Achim Russer und Bernd Schwibs

Suhrkamp

Die französische Originalausgabe erschien 2021 unter dem Titel
Où suis-je? Leçons du confinement à l'usage des terrestres
bei La Découverte (Paris).

Erste Auflage 2021
edition suhrkamp 2771

Satz: Greiner & Reichel, Köln
Druck: C.H.Beck, Nördlingen
Umschlag gestaltet nach einem Konzept
von Willy Fleckhaus: Rolf Staudt
Printed in Germany
ISBN 978-3-518-12771-1

Für Lilo, den Sohn Sarahs und Robinsons
Für die Teilnehmer des Projekts *Où atterrir?*

Inhalt

Hast du erkannt, wie breit die Erde sei?
Sage an, weißt du das alles?
Das Buch Hiob 38,18

1. Ein Termite-Werden

Es gibt viele Möglichkeiten anzufangen. Zum Beispiel wie ein Romanheld, der, aus einer Bewusstlosigkeit erwachend, sich die Augen reibt und verstört murmelt: »Wo bin ich?« Gar nicht so leicht für ihn, sich klarzumachen, wo er sich befindet, vor allem wenn er nach einem so langen Lockdown mit einer Maske vor dem Gesicht das Haus verlässt und von den seltenen Passanten nur einen scheuen Blick erhascht.[1]

Vor allem entmutigt, nein, entsetzt ihn, dass der Mond – seit gestern Abend ist er voll und hell – das Einzige ist, was er noch betrachten kann, ohne sich elend zu fühlen. Die Sonne? Unmöglich, ihre Wärme zu genießen, ohne sofort an den Klimawandel zu denken. Die Bäume, die sich im Wind biegen? Bei ihrem Anblick quält ihn die Furcht, dass sie vertrocknen oder unter der Säge enden. Selbst der Regen vermittelt ihm Schuldgefühle: »Sie wissen doch, dass wir bald überall

1 Mit Lockdown (*confinement*) ist in diesem Buch der Zeitraum vom 17. März bis zum 10. Mai 2020 gemeint, in dem die französische Regierung über die Bewohner des Landes eine Ausgangssperre verhängt hatte, die es ihnen – außer zum Zweck lebensnotwendiger Tätigkeiten oder Besorgungen – bei Strafe verbot, das Haus zu verlassen; Anm. d. Ü.

Wassermangel haben werden!« Sich am Anblick einer Landschaft erfreuen? Wo denken Sie hin – wir sind doch für diese ganzen Verschmutzungen verantwortlich, und wenn Sie sich noch für den goldenen Weizen begeistern, dann nur, weil Sie vergessen haben, dass die Agrarpolitik der Europäischen Union den Klatschmohn ausgerottet hat; dort, wo die Impressionisten noch ein schönes Gewimmel malten, sehen Sie bloß die Auswirkungen der Gemeinsamen Agrarpolitik vor sich, die das bestellte Land in Wüsten verwandelt hat … Wahrhaftig, nur noch der Anblick des Monds kann seine Sorgen dämpfen: Zumindest für seine Umlaufbahn, für seine Phasen fühlt er sich in keiner Weise verantwortlich; das ist das letzte Schauspiel, das ihm geblieben ist. Wenn sein Glanz dich derart bewegt, dann deswegen, weil du weißt, dass du an seiner Bahn unschuldig bist. Wie du es früher warst, wenn du dir Felder, Seen, Bäume, Flüsse und Berge angeschaut hast, Landschaften, ohne an die Auswirkungen zu denken, die noch dein geringstes Tun und Lassen auf sie hat. Früher. Es ist gar nicht so lange her.

Wenn ich aufwache, fühle ich mich von Qualen heimgesucht, wie sie der Held von Kafkas Erzählung *Die Verwandlung* empfand, der sich im Schlaf in eine Schabe, einen Krebs oder eine Kakerlake transformiert hat. Zu seinem Entsetzen ist es ihm von einem Tag auf den anderen unmöglich geworden aufzustehen, um wie gewöhnlich arbeiten zu gehen; er verkriecht sich unter sein Bettzeug; er hört seine Schwester, seine Eltern, seinen Chef an die Schlafzimmertür klopfen, die er sorgfältig abgeschlossen hat; er kann sich nicht mehr erheben; sein Rücken ist hart wie Stahl; er muss lernen, seine zappelnden Beinchen oder Scheren zu beherrschen; er merkt nach und nach, dass keiner mehr versteht, was er sagt; sein Körper hat neue Ausmaße angenommen; er empfindet sich als ein »ungeheueres Ungeziefer«.

Mir ist, als hätte auch ich eine wirkliche Verwandlung durchgemacht. Ich erinnere mich noch, wie unschuldig ich früher mitsamt meinem Körper herumreisen konnte. Jetzt spüre ich einen langen CO_2-Schweif, den ich hinter mir herziehen muss, der mir verbietet, ein Flugticket zu kaufen und wegzufliegen, und der inzwischen alle meine Bewegungen einschränkt, so dass ich kaum wage, meine Tastatur zu benutzen, aus Furcht, ich könnte irgendeinen fernen Gletscher zum Schmelzen bringen. Aber seit Januar ist es noch schlimmer geworden, denn außerdem treibe ich, wie man mir unablässig wiederholt, eine Aerosolwolke vor mir her, deren feine Tröpfchen winzige Viren verbreiten, die in die Lungen geraten und meine Nachbarn töten können – sie würden in den Betten der überfüllten Krankenhäuser ersticken. Ich muss lernen, vorn und hinten gewissermaßen einen Panzer täglich schlimmer werdender Konsequenzen mit mir herumzuschleppen. Wenn ich mich, unter meiner Operationsmaske mühsam atmend, anstrenge, die Abstandsregeln einzuhalten, komme ich fast nicht voran und nicht sehr weit, denn sobald ich meinen Einkaufswagen zu füllen versuche, wird mir noch elender: Diese Tasse Kaffee zerstört in den Tropen ein Stück Boden; dieses T-Shirt bringt in Bangladesch ein Kind in Not; von dem blutigen Steak, das ich immer so gerne aß, steigen Methanwolken auf, die die Klimakrise weiter beschleunigen. Ich stöhne, winde mich, fassungslos von dieser Verwandlung – wann werde ich endlich aus diesem Albtraum aufwachen, wieder werden, was ich früher war: frei, anständig, mobil? Ein Mensch alten Schlags, zum Teufel! Im Lockdown meinetwegen, aber bloß für ein paar Wochen; nicht für immer, das wäre wirklich zu grauenvoll. Wer möchte schon wie Gregor Samsa enden, der zur großen Erleichterung seiner Eltern in einem Winkel vertrocknet ist?

Und doch, eine Verwandlung hat durchaus stattgefunden, und es sieht nicht so aus, als könne man, aus diesem Albtraum erwachend, weitermachen wie zuvor. Einmal Lockdown, immer Lockdown. Das »ungeheuere Insekt« muss lernen, in schiefer Lage voranzukommen, sich mit seinen Nachbarn, seinen Verwandten zusammenzuraufen (vielleicht wird ja auch die Familie Samsa anfangen zu mutieren?), alle peinlich berührt von ihren Fühlern, ihren Ausdünstungen, ihren Virus- und Gasschwaden, alle mit ihren Prothesen klappernd, grässlich mit ihren aufeinanderprallenden Stahlflügeln lärmend. »Aber wo bin ich denn?«: *Anderswo, in einer anderen Zeit; ein anderer, Angehöriger eines anderen Volks*. Wie soll ich mich daran gewöhnen? Tastend natürlich – wie sonst?

Kafka lag ganz richtig: Wenn ich lernen will, mich zu orten und heute eine Bilanz zu ziehen, ist das Schabe-

Werden ein recht guter Ausgangspunkt. Die Insekten sind überall im Aussterben begriffen, aber Ameisen und Termiten gibt es immer noch. Warum nicht ihren Fluchtlinien folgen, um zu sehen, wohin das uns führt?

Die pilzzüchtenden Termiten befähigt ihre Symbiose mit Pilzen, die auf die Verdauung von Holz spezialisiert sind – den berühmten Termitomyces –, aus zerkauter Erde weitläufige Nester zu errichten, in denen sie für eine Art Klimatisierung sorgen. Ein tönernes Prag, in dem jeder Brocken Nahrung in wenigen Tagen den Verdauungskanal jeder Termite durchläuft. Die Termite hat Ausgangssperre, sie lebt sogar in einem exemplarischen Lockdown: Sie verlässt ihren Bau nie! Allerdings hat sie ihn, Krume um Krume bespeichelnd, *selbst* hergestellt. Daher kann die Termite auch überallhin – wenn sie nur ihren Bau ein wenig weiter ausdehnt. Sie umhüllt sich damit, rollt sich in den Termitenbau ein, der zugleich ihr Inneres und ihre Art ist, eine Außenwelt zu haben, gewissermaßen eine Erweiterung ihres Körpers; Wissenschaftler würden von einem zweiten »Exoskelett« sprechen, das das erste ergänzt (den Panzer, die Segmente und die gelenkigen Beinchen).

Das Adjektiv »kafkaesk« hat eine unterschiedliche Bedeutung, je nachdem, ob damit eine einsame, ohne Nahrung in einem kerkerhaften Universum aus trockenem, braunem Lehm isolierte Termite gemeint ist oder ein Gregor Samsa, der schließlich rundum zufrieden sein Erdhaus verdaut, das Hunderte von Millionen seiner Verwandten und Landsleute aus verzehrtem Holz errichtet haben, ein kontinuierlicher Strom, von dem er sich im Vorübergehen einige Moleküle angeeignet hat. Das wäre, nach vielen anderen, eine weitere Verwandlung der berühmten Erzählung *Die Verwandlung*. Aber dann würde ihn keiner mehr als »Ungeheuer« betrachten; keiner würde mehr versuchen, ihn, Papa Samsas Beispiel folgend, wie eine Kakerlake zu erschlagen. Vielleicht muss ich ihn mit anderen Gefühlen ausstatten, wie man es, freilich aus ganz anderen Gründen, mit Sisyphos getan hat, und verkünden: »Man muss sich Gregor Samsa als glückliches Insekt vorstellen ...«

Dieses Insekt-Werden, Termite-Werden würde das Entsetzen dessen zu besänftigen erlauben, der, um sich zu beruhigen, nur den Mond betrachten kann, weil der das einzige ihm nahe Wesen ist, um das er sich keine Sorgen zu machen braucht. Wenn dir angesichts der Bäume, des Windes, des Regens, der Dürre, des Meeres, der Flüsse – und natürlich der Schmetterlinge und der Bienen – derart elend wird, weil du dich verantwortlich für sie fühlst, ja im Grunde schuldig, ihre Zerstörer nicht bekämpft zu haben; weil du in ihre Sphäre eingedrungen bist, ihre Bahn gekreuzt hast. Es ist wahr: Auch du, *tu quoque*, hast sie verdaut, verändert, verwandelt; hast aus ihnen deine Innenausstattung gemacht, deinen Termitenbau, deine Stadt, dein Prag aus Zement und Stein. Aber warum sollte dir dabei so unbehaglich zumute sein? Nichts ist dir mehr fremd; du stehst nicht mehr allein; du verdaust in aller Ruhe ein paar Moleküle von dem, was in deine Eingeweide gelangt, nachdem es den Stoffwechsel Hunderter von Milliarden Verwandter, Verbündeter, Landsleute und Mitbewerber passiert hat. Du bist nicht mehr in deiner alten Kammer, Gregor, du kannst überall hin. Warum gräbst du dich weiterhin vor Scham ein? Du bist entkommen; mach weiter so; belehre uns!

Mit deinen Fühlern, deinen Gliedmaßen, deinen Ausdünstungen, deinen Abfällen, deinen Mundwerkzeugen, deinen Prothesen wirst du vielleicht *endlich* ein Mensch! Und ausgerechnet deine Eltern, die beunruhigt, erschrocken an deine Tür klopfen, sogar deine herzensgute Schwester Grete – sind nicht gerade sie zu Unmenschen *geworden*, indem sie sich geweigert haben, *ihrerseits* zu Insekten zu werden? *Sie* haben sich elend zu fühlen, *nicht du*. Haben Klimawandel und Pandemie nicht sie, die sich nicht verwandelt haben, in »Ungeheuer« transformiert? Man hat Kafkas Novelle verkehrt herum gelesen. Stellte man Gregor auf seine sechs haarigen Beinchen, dann ginge er endlich aufrecht und könnte uns beibringen, wie wir uns dem Lockdown zu entwinden haben.

Seit wir sprechen, ist der Mond untergegangen; deine Sorgen scheren ihn nicht; er steht ihnen fern, aber anders als zuvor. Du bist nicht so recht überzeugt? Du fühlst dich immer noch elend? Dann habe ich mir nicht genug Mühe gegeben, dich zu beruhigen. Du fühlst dich sogar noch schlechter? Du hasst diese Verwandlung? Willst wieder ein Mensch alten Schlags werden? Du hast Recht. Selbst wenn wir Insekten geworden wären, wir wären immer noch *schlechte* Insekten, unfähig, uns weit fortzubewegen, eingesperrt in unser Kämmerlein.

Dieses »Zurück zur Erde« macht mich ganz schwindelig. Es gehört sich nicht, uns zur Landung zu drängen, wenn man uns nicht sagt, wo wir aufsetzen können, ohne zu zerschellen, was aus uns werden wird, mit wem man sich verbunden fühlen soll und mit wem nicht. Ich hatte es zu eilig. Das ist der Nachteil, wenn man von einem Unfallort ausgeht: Ich kann mich nicht mehr per GPS *lokalisieren*; kann mir keinen Überblick mehr verschaffen. Aber das Glück im Unglück will, dass es genügt, dort anzufangen, wo man ist, *ground zero*, und versucht, der ersten Fährte im Gestrüpp zu folgen, um zu sehen, wohin sie einen führt. Wir brauchen uns nicht zu beeilen, wir haben noch etwas Zeit herauszufinden, wo wir uns einnisten können. Natürlich habe ich meine schöne Stentorstimme verloren, die von oben herab dem ganzen Menschengeschlecht die Leviten las; meine Sprache läuft Gefahr, zu einem grässlichen Piepsen zu werden wie die Gregors für die Ohren seiner Eltern, das ist das Dumme an diesem Tier-Werden. Aber worauf es ankommt, ist, die Stimmen derer vernehmbar zu machen, die sich in der mondlosen Nacht vorwärtstasten und miteinander zu verständigen versuchen. Andere Landsleute werden diesen Rufen vielleicht folgen.

2. Eingesperrt an einem immerhin recht geräumigen Ort

»Wo bin ich?«, stöhnt, wer als Insekt erwacht. Vermutlich in der *Stadt*, wie die Hälfte meiner Zeitgenossen. Folglich finde ich mich in einer Art ausgedehntem Termitenbau wieder: einem komplexen Gebilde aus Mauern, Wegen, Aufbereitungsanlagen, Nahrungsflüssen, Kabelnetzen, die sich unterirdisch in die Ferne verzweigen wie die Gänge der Termiten, die ihnen helfen, in das solideste Gebälk selbst weit entfernter Holzhäuser einzudringen. In gewisser Weise bin ich in der Stadt immer »bei mir zu Hause« – zumindest in einem winzigen Teil: Diese Wand habe ich gestrichen, diesen Tisch aus dem Ausland mitgebracht, aus Versehen habe ich die Wohnung meines Nachbarn unter Wasser gesetzt, die Miete habe ich bezahlt. Das sind so einige ganz kleine Spuren, auf immer dem Rahmen des Pariser Kalksteins, den Merkmalen, Falten und Reichtümern dieses Orts hinzugefügt. Betrachte ich den Rahmen, dann sehe ich für jeden Stein einen Städter, der ihn gefertigt hat; gehe ich von den Städtern aus, finde ich für jede ihrer Handlungen eine Spur, die sie im Stein hinterlassen haben – dieser große Fleck an der Wand, zwanzig Jahre später, ist von mir, dieses Graffiti ebenfalls. Was die anderen für einen anonymen und kalten Ausschnitt halten, ist – jedenfalls für mich – geradezu ein Gesamtwerk.

Mit der Stadt ist es wie mit dem Termitenbau: Wohnstätte und Bewohner bilden eine Kontinuität – mit jener sind auch diese definiert. Die Stadt ist das Exoskelett seiner Bewohner, so wie diese eine Wohnstätte hinter sich lassen, wenn sie fortziehen oder verdorren – zum Beispiel wenn man sie auf dem Friedhof begräbt. Ein Städter ist in seiner Stadt wie ein Einsiedlerkrebs in seinem Gehäuse. »Wo bin ich also?« *In* meinem und *durch* mein und teils *dank* meinem Gehäuse. Der Beweis: Ich kann nicht einmal meine Lebensmittel zu mir hinaufbringen ohne den Fahrstuhl, der mich dazu befähigt. Sollte der Städter also ein »Aufzugsinsekt« sein, ähnlich wie »Webspinnen« durch ihr Netz definiert sind? Allerdings müssen die Eigentümer auch die Maschinerie gewartet haben. Hinter dem Mieter eine Prothese; hinter der Prothese wiederum Eigentümer und Wartungspersonal. Und so weiter und so fort. Der unbelebte Rahmen und die ihn Belebenden sind eins. Ein völlig nackter Städter existiert so wenig wie eine Termite ohne Termitenbau, eine Spinne ohne Netz oder ein Indianer, dem der Wald zerstört wurde. Ein Termitenbau ohne Termite ist ein Haufen Schmutz, wie die schicken Viertel während des Lockdowns, als wir an allen diesen prachtvollen, aber unbewohnten und unbelebten Gebäuden vorüberschlenderten.

Wenn die Stadt der Lebensweise des Städters nicht gerade äußerlich ist, kann ich dann weiter weg auf etwas stoßen, das wirklich *außerhalb* ist? Letzten Sommer hat ein befreundeter Geologe uns am Fuße des Grand Veymont, im Vercors, demonstriert, dass die Spitze dieser prächtigen Felswand ein einziger Friedhof von Korallen ist, ein weiterer riesiger Verdichtungsraum, der seit Langem von seinen Bewohnern verlassen worden war, deren Reste, aufgetürmt, zusammengepresst, vergraben, dann wieder nach oben gelangt, erodiert, hängend, diesen schönen urgonischen Kalk geschaffen haben, dessen mit feinen Kristallen durchwirkter weißer Stein unter der Lupe glänzte. Diese Kalksteine nannte er »bioklastisch«, was heißt: »aus Überresten von Lebewesen gemacht«. Sollte es also gar keinen Bruch geben, wenn ich, aus dem nur allzu bioklastischen städtischen Termitenbau kommend, in jenes Tal im Vercors gelange, das einst ein Gletscher quer durch einen Friedhof unzähliger Lebewesen geschnitten hat? Auf einmal fühle ich mich schon weniger entfremdet; ich kann immer weiter krabbeln. Meine Tür ist nicht mehr verschlossen.

Zumal die riesigen Ameisenhaufen, die alle hundert Meter den Aufstieg zum Grand Veymont markieren, mich daran erinnern, dass auch hier ein geschäftiges städtisches Leben herrscht. Gregor dürfte sich weniger einsam fühlen, seit sein segmentierter Körper sich im Einklang mit seinem steinernen Prag befindet, in dem jedes Kristallkörnchen das Echo eines Ozeans sich aneinander reibender Schalentiere in sich aufbewahrt. Zurück lässt er seine Familie, eingekerkert in ihrem Zuhause, ihren armseligen, wie altertümliche Scherenschnitte *umrissenen* Menschenkörpern.

Als er in seinem Zimmer war, litt Gregor darunter, ein Fremder unter den Seinen zu sein; eine Wand und Schlösser reichten aus, ihn einzusperren. Als Insekt ist er nun in der Lage, *durch die Wand zu gehen.*[2] Sein Zimmer, sein Haus sind für ihn jetzt Kugeln aus Lehm, Stein und Schutt, die er zum Teil verzehrt, dann ausgeschieden hat und die ihn in seinen Bewegungen nicht mehr einengen. Nach Lust und Laune kann er jetzt ausgehen, ohne dass man sich über ihn belustigt. Die Stadt Prag, ihre Brücken, Kirchen, Paläste: nichts mehr als etwas größere Erdklumpen älteren Datums, auch stärker sedimentiert, alles künstliche, hergestellte Dinge, hervorgegangen aus den Kauwerkzeugen seiner zahlreichen Landsleute. Was mir vielleicht das Insekt-Werden erträglich machen wird, ist die Tatsache, dass ich, wenn ich mich von der Stadt aufs Land begebe, auf weitere Termitenhügel stoße, auf Berge aus Kalkstein, die genauso künstlich sind, zudem größer, älter, noch stärker sedimentiert im Zuge raffinierten und erfindungsreichen Wirkens zahlloser mikroskopisch kleiner Wesen. Der Eingesperrte entsperrt sich auf wundersame Weise. Er findet zurück zu großer Bewegungsfreiheit.

Folgen wir diesem engen Gang, verlängern wir diese winzige Intuition, gehorchen wir beharrlich dieser son-

2 Anspielung auf die Erzählung *Passe-muraille* von Marcel Aymé aus der Zeit der Besetzung des Landes durch deutsche Truppen, in der das Leben der Franzosen durch zahllose Verbote und Restriktionen eingeschränkt war; dt. Übersetzung: *Der Mann, der durch die Wand gehen konnte*; Anm. d. Ü.

derbaren Anweisung: Wenn ich vom Termitenbau in die Stadt, von der Stadt in die Berge gehen kann, ist es dann auch möglich, in den Raum zu gelangen, in dem der Berg, so mein früherer Eindruck, lediglich »lag«?

Wenn die Arbeit des Ameisenhaufens für eine Ameise wie eine sie umgebende Blase ist, die ihre Temperatur aufrechterhält und ihre Luft reinigt, so verhält es sich für die beim schweren Aufstieg zum Grand Veymont ächzende Véronica nicht anders. Der Sauerstoff, den sie einatmet, kommt nicht von ihr selbst, als müsste sie die schweren Sauerstoffflaschen wie die Bezwinger des Annapurna auf ihrem Rücken mit sich schleppen. Andere als sie, zahlreich und verborgen, bieten ihr – für den Augenblick – kostenlos an, ihre Lungen damit zu füllen. Die sie – immer noch für den Augenblick – vor der Sonne schützende Ozonschicht bildet über ihr eine Kuppel, die aus der Arbeit gleichermaßen unsichtbarer, gleichermaßen unzähliger und älterer Akteure hervorgeht – zweieinhalb Milliarden Jahre lang waren Bakterien am Werk. Deswegen macht das CO_2, das sie ausatmet, sie nicht zu einer Fremden, einem »ungeheueren Ungeziefer«, sondern zu einer Atmenden inmitten von Milliarden Atmender, von denen einige die Gelegenheit nutzen, das Holz des Buchenwalds zu erzeugen, in dessen Schatten sie verschnauft. So wird diese Wanderin zu einer Fußgängerin in einer riesigen Metropole, durch die sie an einem schönen Nachmittag streift. Wenn auch draußen, in der Einöde, ist sie doch *inmitten* eines Verdichtungsraums, den sie niemals verlassen könnte, ohne auf der Stelle zu ersticken.

Was für ein Schock für Gregor, als er bemerkt, dass die Kunstfertigkeit, das Engineering, die Freiheit, nein, die Pflicht zu erfinden, auch in dem anzutreffen ist, was er als Luft, als Atmosphäre, als den blauen Himmel wahrgenommen hat, als er noch, wie seine erbärmlichen Eltern, nur ein auf einen Scherenschnitt reduziertes Menschenwesen war. Damit es eine Kuppel über seinem Haupt gibt, damit er nicht erstickt, wenn er ausgeht – aber er »geht« ja gerade nicht mehr »aus« –, bedarf es immer noch zahlloser Arbeiter, immer noch mikroskopischer Wesen, immer noch subtiler Gefüge, immer noch vielfältiger Anstrengungen, um das Himmelszelt an seinem Platz zu halten; es ist immer noch eine lange, immens lange Geschichte von Kunstfertigkeiten erforderlich, damit es einfach einen *Rand* gibt, ein breites, halbwegs stabiles Blätterdach, und er dort einige Zeit überlebt. Wenn ich von Gregor, dem Ungeziefer, rasch lernen will, wie ich mich verhalten soll, dann muss ich von der Annahme ausgehen, dass ich die Arbeit der lebenden Organismen und deren Fähigkeit, die Existenzbedingungen um sich herum zu verändern, Nischen, Sphären, Umgebungen, Klimablasen zu schaffen, besser anhand von technischen Einrichtungen, Fabriken, Lagern, Häfen, Laboren erfasse. Mit ihnen begreift man am besten die Natur der »Natur«; sie ist nicht in erster Linie »grün«, nicht »organisch«; sie setzt sich vor allem aus den Produkten von Kunstfertigkeiten und aus denen zusammen, die über solche Fertigkeiten verfügen – vorausgesetzt, man lässt ihnen genügend Zeit.

Seltsamerweise kommen die Geologie- oder Biologiehandbücher nicht aus dem Staunen darüber heraus, dass die lebenden Organismen »das Glück hatten«, auf der Erde die idealen Bedingungen vorzufinden, um sich seit Milliarden von Jahren zu entwickeln: die richtige Temperatur, die richtige Entfernung zur Sonne, das richtige Wasser, die richtige Luft. Von ernsthaften Wissenschaftlern sollte man allerdings erwarten können, dass sie sich eine derart *providentielle* Version der Übereinstimmung zwischen den Organismen und ihrer »Umwelt«, wie sie es nennen, mit weniger Überschwang zu eigen machen. Das geringste Tier-Werden führt zu einer anderen, weitaus bodenständigeren Sicht: Es gibt gar keine »Umwelt«. Es ist, als würde man einer Ameise zu ihrem Glück gratulieren, sich in einem Ameisenhaufen zu befinden, der durch eine glückliche Fügung so warm, so angenehm belüftet ist und so häufig von Abfällen gereinigt wird! Wüsste man die Ameise zu befragen, würde sie wohl antworten, dass sie und Milliarden ihrer Artgenossen es waren, die diese »Umwelt« hervorgebracht haben, so wie die Stadt Prag von ihren Bewohnern herrührt. Jene Vorstellung von Umwelt ergibt kaum Sinn, da sich nie die Grenze ziehen lässt, die einen Organismus von dem trennt, was ihn umgibt. Eigentlich umgibt uns nichts, alles wirkt darauf hin, dass wir atmen. Die Geschichte der Lebewesen erinnert uns daran, dass sie es waren, die diese ihrer Entwicklung so »zuträgliche« Erde ihren Absichten gemäß *gestaltet* haben – Absichten, die so gut kaschiert sind, dass sie selbst sie gar nicht kennen! Blindlings haben sie den Raum um sich herum gekrümmt, haben sich gleichsam in ihn gebogen, eingegraben, eingerollt, eingehüllt.

Nun bin ich doch etwas besser orientiert, denn ich beginne, mich dem zu nähern, was wirklich »außerhalb« ist. Wenn in den Erzählungen meiner Kindheit Schiffbrüchige an einem Ufer strandeten (so wie Cyrus Smith in Jules Vernes *Die geheimnisvolle Insel*), bemühten sie sich stets, so rasch wie möglich einen Hügel zu erklimmen und herauszufinden, ob sie auf einem Kontinent oder einer Insel gelandet waren. In die Enttäuschung, wenn es eine Insel war, mischte sich gleichwohl Zuversicht, wenn sie sahen, wie sie sich weit und mannigfaltig vor ihnen erstreckte. Auch wir nehmen wahr, dass wir zwar eingesperrt sind, aber eben auf einer Insel von ganz schönen Dimensionen, deren Rand wir *von innen* her gewissermaßen durch ein transparentes Medium hindurch erahnen, als wären wir in einem Kristallpalast, einem Gewächshaus, oder wie ein Taucher, der aus der Tiefe eines Sees hoch in den Himmel schaut.

Am erstaunlichsten ist, dass wir von diesem Außerhalb, wie ich seit Längerem begriffen habe, keine *unmittelbare* Erfahrung haben. Selbst die kühnste Astronautin wiederholt ihre spektakulären Ausstiege ins All nur eingezwängt in einem eigens dafür kreierten Anzug – eine Minisphäre, die sie wie über ein fest im Boden verankertes Kabel mit Cape Canaveral verbindet und die sie nicht verlassen darf, wenn sie nicht auf der Stelle sterben will. Die zahllosen Zeugnisse von diesem gewaltigen Außerhalb, all dessen, was sich *jenseits der Schwelle* befindet, lesen, erfahren, berechnen wir stets nur *innerhalb* unserer Labore, unserer Observatorien oder Institute, ohne sie je zu verlassen. Es sei denn in unserer Phantasie – oder vielmehr: durch *bildgestützte* Erkenntnis, durch wissenschaftliche Bilder. So erregend der Blick vom Saturn auf unseren Planeten sein mag, das Bild wurde 2013 Pixel für Pixel in einem Büro der NASA zusammengesetzt: Seinen objektiven Charakter zu rühmen und dabei die Verbindungen zu unterschlagen, die es ermöglichen, die Erde aus der Ferne zu betrachten, heißt, sich sowohl über das Objekt als auch über die Fähigkeiten der Subjekte zu täuschen, zweifelsfrei zu erkennen.

Wenn ich vom Zimmer in die Stadt, von der Stadt in die Berge, von den Bergen in die Atmosphäre krieche, immer dem Muster folgend, wie es die Termiten vorgegeben haben – dem engen Gang, in dem sie sich bewegen –, weiß ich noch immer nicht, wo wir uns befinden, denke aber, dass es möglich sein wird, einen Pflock in die Erde zu schlagen, um mich beim nächsten Mal, wenn ich wieder auf Erkundungsreise bin, nicht zu verirren. *Diesseits* des Randes ist die Welt, die wir durch Erfahrung kennen, in der wir überall auf *Landsleute* stoßen, die dank ihrer Erfindungsgabe, ihrer Kühnheit, ihrer Unabhängigkeit Anlagen errichten, die sie auf spezifische Weise anordnen und die sich mehr oder weniger überlagern. Das Ergebnis ihrer Erfindungen überrascht uns ein ums andere Mal, dennoch haben wir das Gefühl, dass sie mit unseren eigenen eine Art *Familienähnlichkeit* aufweisen. *Jenseits* des Rands liegt eine ganz andere Welt, natürlich voller Überraschungen, von der wir aber keinerlei unmittelbare Erfahrung haben, es sei denn mit Hilfe der bildgestützten Erkenntnis, und die uns nie *vertraut* sein wird. Das Außerhalb, das wirkliche Außerhalb beginnt da, wo der Mond seine Runden dreht, jener Mond, den du zu Recht voller Neid wie ein Symbol der Unschuld betrachtest, als fremdes, nämlich unbestechliches und mithin für jene, die auf immer eingesperrt leben werden, beruhigendes Wesen.

Ich suche nach einem Namen, um Innen und Außen deutlich zu unterscheiden. Was eine Art große Teilung, eine neue *summa divisio* sozusagen bezeichnet. Ich schlage vor, das Diesseits Terra, *ERDE*, und das Jenseits, warum nicht, *UNIVERSUM* zu nennen. Und diejenigen, die diesseits leben, oder vielmehr: die es *akzeptieren*, diesseits zu wohnen, können wir die Terrestrischen nennen bzw. die Erdverhafteten.[3] Mit ihnen suche ich anhand meiner Appelle in Verbindung zu treten. Es sind vorläufige Bezeichnungen, vorbehaltlich einer genaueren Bestandsaufnahme; noch bin ich am Anfang meiner Orientierungsversuche. Aber wir spüren bereits, dass wir mit ERDE, auch wenn wir sie noch unzulänglich kennen, intensive Erfahrungen gemacht haben, während das UNIVERSUM häufig viel besser er-

3 Der Lockdown und seine Folgen haben auch vor der verwendeten Terminologie nicht haltgemacht: Aus den Terrestrischen bzw. Erdverbundenen aus dem *Terrestrischen Manifest* sind jetzt Erdverhaftete geworden; Anm. d. Ü.

kannt ist, wir aber keine unmittelbare Erfahrung von ihm haben. Es wäre gut, wir Erdverhafteten würden uns darauf vorbereiten, uns unterschiedlich auszurüsten, je nachdem auf welche Seite dieser Grenze, dieses unüberwindlichen Limes wir uns begeben wollen. Andernfalls könnten wir das im wahrsten Sinne nicht begreifen, was den Lebenden ermöglicht, die Erde bewohnbar zu machen; wir *würden* uns *das Leben unmöglich machen.*

3. »ERDE« ist ein Eigenname

Was uns gegenwärtig das Leben unmöglich macht, ist der *Generationenkonflikt*, den der Bericht über Gregor Samsa so perfekt beschreibt. In gewisser Weise erlebt ihn jeder von uns seit dem Lockdown in seiner eigenen Familie.

In Kafkas Novelle gibt es einerseits eine Reihe scherenschnittartiger Figuren – den fetten Vater, die asthmatische Mutter, die infantile Tochter; ferner: den widerwärtigen Prokuristen, zwei verschreckte kleine Dienstmädchen, die »knochige Bedienerin« und die drei aufdringlichen »Zimmerherren« – und andererseits diesen Gregor, dessen Insekt-Werden das unsrige vorwegnimmt. Er ist dicker, schwerer; er hat zumindest anfangs mehr Schwierigkeiten zu gehen; seine zahlreichen Beinchen stören ihn; wenn er zu Boden fällt, verursacht sein steifer Rücken ein dumpfes Geräusch; dafür kann Gregor sich mit mehr Dingen in Verbindung setzen als die anderen – ganz abgesehen davon, dass er an die Decke kriechen kann … Infolgedessen fühlt er sich wohler, stößt er doch bei seinen Wanderungen als einer, der durch Wände gehen kann, auf nichts, was ihn nicht an seine eigenen Fähigkeiten erinnern würde, ziemlich frei Nischen, Kuppeln, Blasen, Atmosphären auszuarbeiten, kurz *Innenräume*, die zwar nicht unbedingt bequem sind, aber von denen, die sie geformt haben – Ingenieuren, Stadtplanern, Bakterien, Pilzen, Wäldern, Bauern, Ozeanen, Bergen oder Ameisenhaufen –, frei gewählt, gegebenenfalls auch von ihren Vorläufern vorbereitet wurden, übrigens oft unabsichtlich. Gregors Eltern hingegen sind in ihrer Wohnung, die zu groß für sie ist und deren Miete sie nicht einmal bezahlen können, gefangen – zwangsläufig, denn sie haben keinen anderen Innenraum außer dem, den in den Augen der anderen die ziemlich enge Grenze ihrer hässlichen Körper bildet. Sie sind also im Lockdown geblieben, während Gregor *es nicht mehr ist*. Solange er nicht das wahre Außerhalb erreicht, die andere Seite der Schranke, bleibt er innerhalb einer Welt, die ihm alles in allem recht vertraut ist. Für die Eltern beginnt das bedrohliche Außerhalb an der Haustür; für den neuen Gregor erstreckt sich der *Innenraum* bis zu den allerdings noch fließenden Grenzen der ERDE.

Die beiden Generationen, die vor dem verschärften Lockdown und die danach, lokalisieren sich nicht auf dieselbe Weise. Es wäre ein Euphemismus zu sagen, dass Gregor »sich nicht gut mit seinen Eltern versteht«; ihre Maßstäbe und die seinen sind schlechterdings unvereinbar. Sie laufen nicht bloß auf unterschiedliche Quantitäten hinaus: Schon ihre Methoden, Entfernungen zu registrieren, haben nichts miteinander gemeinsam. Dass man im 20. Jahrhundert, in dem die Fragen der »menschlichen Beziehungen« im Vordergrund standen, Kafkas Novelle als exemplarisches

Beispiel für »Kommunikationsdramen« las, überrascht nicht. Aber man hat sich vielleicht darin getäuscht, wie weit Gregors Maßstäbe von denen seiner Eltern entfernt sind. Deren Methode, sich in der Welt zu orten, nämlich ausgehend von einer Karte, hat etwas buchstäblich Vernichtendes.

Man geht vom Universum aus, passiert die Milchstraße, dann das Sonnensystem und diverse Planeten, bevor man die Erde überfliegt und GoogleEarth Tschechien erfasst, um schließlich über Prag, über dem Viertel, der Straße und bald auch bei dem altertümlichen Gebäude gegenüber dem finsteren Spital anzukommen. Am Ende dieses Flugs ist die Lokalisierung von Samsas Eltern vielleicht vollständig – vor allem, wenn man die Daten des Katasteramts, der Post, der Polizei, der Bank und heute auch der »sozialen Netzwerke« hinzunimmt –, aber verglichen mit diesen ungeheuren Weiten sind Gregors arme Erzeuger auf ein Nichts reduziert: Sie sind ein Punkt, ja weniger als ein Punkt, ein Pixel, das auf einem Bildschirm flimmert. Eine finale Lokalisierung in dem Sinn, dass sie damit *endet*, diejenigen, die sie einfach durch Längen- und Breitengrade erfasst hat, auszuschalten. Das Pixel hat weder Nachbarn noch Vor- und Nachfahren. Es ist buchstäblich unverständlich. Eine seltsame Art, sich zu orten.

Zum Insekt geworden, also erdverhaftet, ortet Gregor sich ganz anders als seine Eltern, nämlich auf der Ebene der Dinge, die er verdaut und hinter sich gelassen hat, und wenn er, anfangs etwas ungeschickt, den Ort wechselt, dann immer sukzessive, *Schritt für Schritt*. Folglich kann nichts ihn zermalmen, indem es ihn von oben und von weitem ortet. Trotz des Stocks, den Vater Samsa schwingt, kann keine Macht ihn plattwalzen oder auf ein Pixel reduzieren. Für Gregors Eltern ist er unsichtbar und seine Art zu sprechen unverständlich geworden, daher müssen sie sich am Ende seiner entledigen (»es ist krepiert«, verkündet die »knochige Bedienerin« mit böser Freude). Während es für Gregor umgekehrt seine Eltern sind, die verschwinden, zermalmt und stumm, wenn man sie auf die alte Art und Weise lokalisiert: auf ihr Esszimmer eingeengt, auf ihre Körper reduziert, eingesperrt in ihre kleinen Ichs, eine Sprache radebrechend, die er nicht mehr hören will. Das ist seine Fluchtlinie.

Wenn wir Gregors Bewegung folgen, wird uns auffallen, dass wir die Werte gänzlich anders verteilen. Wir leben buchstäblich nicht mehr in derselben Welt. Diejenigen, die in der Zeit vor dem Lockdown leben, fangen bei ihrem kümmerlichen Ich an; sie fügen einen materiellen Rahmen hinzu, den sie »künstlich« oder sogar »unmenschlich« nennen – Prag, die Fabriken, die Maschinen, das »moderne Leben«; und etwas weiter weg häufen sie einen ganzen Wust lebloser Dinge auf, die sich bis ins Endlose erstrecken und mit denen sie nicht viel anzufangen wissen.

Wir aber ordnen unsere Angelegenheiten ganz anders. Wir beginnen zu begreifen, dass wir keine *Erfahrung der Begegnung mit »leblosen Dingen«* machen, dass wir diese Erfahrung nie machen werden, dass keiner sie je gemacht hat. Unsere Generation hat in einem sehr kurzen Zeitraum lernen müssen, dass sie diese allen vorhergehenden Generationen angeblich so gemeinsame Erfahrung nicht mehr teilt: Alles, worauf wir stoßen – die Berge, das Gestein, die Luft, die wir atmen, der Fluss, in dem wir baden, der krümelige Humus, in den wir unsere Salate pflanzen, die Viren, deren wir Herr zu werden versuchen, der Wald, in dem wir auf Pilzsuche gehen, alles bis hin zum blauen Himmel –, ist das Ergebnis, das Produkt, ja, sagen wir es ruhig: das künstliche Resultat von Wirkkräften, mit denen Städter so gut wie Menschen, die auf dem Land leben, eine gewisse Familienähnlichkeit aufweisen.

Auf ERDEN ist nichts wirklich »natürlich«, wenn wir darunter etwas verstehen, was noch kein Lebender berührt hat: Alles ist aufgeworfen, zusammengefügt, imaginiert, aufrechterhalten, erfunden, bearbeitet worden von Wirkkräften, die in gewisser Weise wissen, was sie wollen, es jedenfalls auf ein ihnen ganz spezifisches Ziel abgesehen haben. Vielleicht gibt es viele »leblose Dinge«, Formen, die sich ziel- und willenlos auflösen, aber um auf sie zu stoßen, müssen wir *die Seite wechseln* und uns entweder hinauf zum Mond oder hinab zum Mittelpunkt der Erdkugel begeben, jenseits des Limes gelangen, ins UNIVERSUM, das sich erkennen, aber niemals körperlich erfahren lässt. Wir erkennen dieses UNIVERSUM übrigens umso besser, als es sich dabei um Dinge handelt, die unter der Einwirkung von Gesetzen, die ihnen äußerlich sind, nach und nach kollabieren und deren Kollaps sich folglich bis auf die zehnte Dezimalstelle genau *berechnen* lässt. Während die Akteure, die ERDE erheben und erhalten, immer etwas schwieriger zu berechnen sind, denn ohne irgendeinem ihnen fremden Gesetz zu gehorchen, streben diese hartnäckig empor, wo jene nur stürzen. Da sie stets der Entropie entgegenarbeiten, erlebt man laufend seine Überraschungen mit ihnen. »Sublunar« und »supralunar« wären letztlich gar keine schlechten Begriffe, um diese große Teilung zu orten.

Man könnte zwar sagen, die Generation deiner Eltern sehe überall den Tod und die nächste Generation überall das »Leben«, aber dieser Begriff hat in den beiden Lagern nicht dieselbe Bedeutung. Diejenigen, die sich selbst als die Einzigen erachten, denen inmitten all der leblosen Dinge Bewusstsein zuteilwurde, zählen zu den Lebenden nur sich selbst, ihre Katzen, ihre Hunde, ihre Geranien und vielleicht noch den Park, in dem sie sich ergehen, wenn Gregor am Ende der Novelle auf dem Müll gelandet ist. Für dich jedoch, der du die Verwandlung durchgemacht hast, sind als »lebendig« nicht nur die Termiten zu bezeichnen, sondern *auch* der Termitenbau insofern, als dieser ganze Haufen Schmutz ohne die Termiten nicht derart zusammengefügt, aufgetürmt worden wäre wie ein Berg inmitten einer Landschaft (aber dasselbe gilt auch für besagten Berg und besagte Landschaft …). Wobei nicht zu vergessen ist, dass umgekehrt die Termiten außerhalb des Termitenbaus, der für ihr Überleben dasselbe bedeutet wie die Stadt für den Städter, keinen Augenblick lang leben könnten.

Ich brauche einen Begriff, der ausdrückt, dass auf ERDEN »alles lebendig ist«, wenn du darunter sowohl den beweglichen Körper der Termiten verstehst als auch den steifen Körper des Termitenbaus, die Menschen, die sich auf der Karlsbrücke drängen, wie auch die Karlsbrücke, den Fuchs ebenso wie den Fuchspelz, den Biber ebenso wie seinen Damm, die Bakterien und die Pflanzen ebenso wie den Sauerstoff, den sie abgeben. Bioklastisch? Biogen? Jedenfalls *künstlich* in dem etwas ungewöhnlichen Sinn, dass Erfindung und Freiheit dabei immer eine Rolle spielen – daher die Überraschungen, denen man auf Schritt und Tritt begegnet. Die Sedimentierung nicht zu vergessen, die bewirkt, dass der Termitenbau, die Karlsbrücke, der Pelz, der Damm und der Sauerstoff *ein wenig dauerhafter* sind als die, von denen sie herrühren – vorausgesetzt, die anderen Wirkkräfte – Termiten, Erbauer, Füchse, Biber oder Bakterien – erhalten die Dynamik aufrecht. Entgegen den seltsamen Angewohnheiten der uns vorangegangenen Generation haben wir Erdverhafteten gelernt, das Adjektiv »lebendig« zur Bezeichnung *beider Register* beizubehalten: des einen, das mit Termite, und des anderen, das mit Termitenbau beginnt, und sie nie voneinander zu trennen. Was die anderen Völker nie vergessen hatten.

Der »Generationenkonflikt« bietet also etwas mehr als bloß einen modernen Beleg für die Unfähigkeit der Menschen, miteinander zu kommunizieren. Ich möchte noch weiter gehen und behaupten, dass es sich um einen Konflikt um Entstehungen, rundheraus gesagt:

um *Erzeugungen* handelt.[4] Denn schließlich finden die Erdverhafteten nicht zufällig an allem, worauf sie stoßen, eine gewisse »Familienähnlichkeit«. Das liegt daran, dass sie alle haben oder einst hatten, was man *Erzeugungssorgen* nennen könnte. Übrigens sind das rührenderweise die ersten Ängste, die Gregor befallen, als er zur Schabe geworden ist: Was ihn am meisten bekümmert, ist, dass er nicht weiß, wie er den Lebensunterhalt seiner Familie sichern soll!

Mir wird auch verständlich, dass es dem Farn, den Fichten, den Buchen, den Flechten genauso geht, wenn sie dem harten Winter im Vercors standzuhalten versuchen. Aber den Korallenriffen ging es nicht anders, aus denen der urgonische Kalkstein wurde, der die ganze Schönheit des Grand Veymont ausmacht, dessen Steilwand der berühmte Mont Aiguille krönt. Allesamt plagen sie sich mit Problemen des *Fortbestands* in dem ganz primitiven Sinn, dass sie lernen müssen, ihre Existenz aufrechtzuerhalten. Ich verstehe nun auch, dass die Prager Ingenieure sich mit regelmäßigen Inspektionen und zahlreichen Sanierungsarbeiten um die Erhaltung des Kleinods der Stadt, der Karlsbrücke, bemühen; dass durchaus gleich gelagerte Sorgen Baptiste Morizot dazu bewegen, für das Projekt eines Na-

4 Das Wort »Erzeugung« (*engendrement*) fasst in dieser Schrift alle Tätigkeiten zusammen, die mit der Herstellung und Erhaltung von Leben zu tun haben, von der Fortpflanzung über die Arterhaltung bis hin zur Herstellung aller entsprechenden Rahmenbedingungen (vgl. auch *Das terrestrische Manifest*, Kap. 18, S. 97ff.); Anm. d. Ü.

turreservats im Vercors Wölfe, Hammel, Schafzüchter, Jäger und Biobauern unter einen Hut zu bekommen; dass auch das berühmte Virus, dem wir den Lockdown verdanken, nicht davon ablässt, sich durch subtile Erfindungen umzubauen, um seine Dauer ein wenig zu verlängern und sich von Mund zu Mund weiter zu verbreiten. Von der ERDE lässt sich sagen, dass sie die Verbindung, der Zusammenschluss, die Überlagerung, die Mischung all derer ist, die um ihren Fortbestand fürchten und Erzeugungssorgen haben. Ein Problem, das die Familie Samsa sich natürlich etwas einfach macht, wenn Grete zu dem grausamen Schluss kommt: »Wir müssen es loszuwerden versuchen« – womit sie ihr geliebtes Bruder-Insekt meint ...

Ich verstehe jetzt, dass ich diesen Generationenkonflikt viel besser erkunden könnte, wenn ich mich darauf einließe, die Listen derer, die Erzeugungssorgen haben, sehr viel weiter zu fassen und vor allem *sehr viel länger* zu verfolgen. Dass diese Akteure immer den Eindruck haben, zwischen ihnen herrsche eine gewisse *Familienähnlichkeit*, ist nämlich keineswegs ein Zufall. Es liegt vielmehr daran, dass sich alles Existierende, *Schritt für Schritt*, einer Erfindung (Fachleute sprechen von einem »Stamm«) einfügt, die sich auf einen Vorläufer und einen Nachfolger bezieht, einer kleinen Differenz, die es, ebenfalls Schritt für Schritt, erlaubt, so etwas wie eine – oft verästelte, manchmal lückenhafte – Genealogie zu konstruieren, mit deren Hilfe jeder von uns seine Herkunft zurückverfolgen kann wie ein Lachs, der auf seiner »Wanderung«, wie man das nennt, erst dem Fluss, dann dem Bach bis zurück zu dem Laichplatz folgt, wo er geboren wurde.

Die Städter haben gelernt, ihren Stammbaum anzulegen; die Stadtplaner können euch Wohnblock um Wohnblock die *Entwicklung* – ein Begriff, der dabei manchmal fällt – ihrer Stadt darlegen; auf dem Lande, nur wenige Schritte von Saint-Agnan entfernt, können die Geologen ebenfalls die *Geschichte* – auch dies ein häufig verwendeter Begriff – der Sedimente des Vercors erzählen. Falls ihr das Glück habt, von einem Botaniker begleitet zu werden, wird er dasselbe für die Soziologie der Bergpflanzen tun, die das Naturschutzgebiet am Fuß des Grand Veymont mit Wohlgeruch erfüllen; und wenn Anne-Christine Taylor sich zu euch gesellt hat, wird sie euch von der zwieschlächtigen Herkunft der wundervollen Gärten der Achuar-Indianer berichten. Die Geschichte wird noch wirrer, älter, verästelter, wenn ihr auf eurem Spaziergang einen Bakteriologen mitnehmt, der Lynn Margulis gelesen hat: Er wird euch zu den Einzellern und Urbakterien führen und euch in ihre brillanten Verbindungen einweihen. Solltet ihr nun den Faden verlieren, könnt ihr immer noch zu jüngeren Perioden zurückkehren, indem ihr dem ausgezeichneten Museum für Vorgeschichte in Vassieux-en-Vercors (gleich unterhalb des Résistance-Museums) einen Besuch abstattet, der es euch ermöglichen wird, die Geschichte der Feuersteine, der Pollen und der Steinmetzen, deren großartige Klingen in das ganze prähistorische Europa exportiert wurden, über andere Fäden miteinander zu verbinden. Ihr werdet bei jeder Etappe dieser Genesen staunen, aber nie aus dem Blick verlieren, dass es um die Lösung von Problemen geht, die euch letzten Endes nicht fremd sind. Ja, eingesperrt seid ihr, aber *zu Hause* …

Uns wird nach und nach klar, dass das Wort ERDE nicht, wie es die alte Lokalisierung will, einen Planeten unter anderen bezeichnet, als wäre es ein Gattungsname für viele Himmelskörper, sondern dass es sich um einen *Eigennamen* handelt, der alle Existierenden umfasst – aber nie zu einem Ganzen zusammenfasst –, die eine Familienähnlichkeit aufweisen, weil sie über einen gemeinsamen Ursprung verfügen und sich *fast überallhin* ausdehnen, verbreiten, vermischen, überlagern, wobei sie ihre Ausgangsbedingungen durch ihre sukzessiven Erfindungen unablässig ausbessern und dadurch von Grund auf transformieren. Jeder Erdverhaftete erkennt in seinen Vorfahren die Schöpfer der Wohnbedingungen an, die er nutzt – Prag für die Familie Samsa, der Ameisenhügel für die Ameise, der Wald für die Bäume, das Meer für die Algen, die Gärten für die Achuar –, und rechnet damit, dass er für seine Nachfolger zu sorgen hat. »Fast überallhin« heißt: *so weit*, wie die Erdverhafteten ihre einzigartige Erfahrung ausdehnen und teilen konnten – aber *nicht weiter*.

Unter »ERDE« verstehen wir also die Akteure, die von den Biologen als »lebende Organismen« bezeichnet werden, *und zugleich* die Auswirkungen ihrer Aktionen, ihre *Nische*, wenn man so will, alle Spuren, die sie hinterlassen haben, das innere Skelett und das äußere, die Termiten und die Termitenbauten. Sébastien

Dutreuil schlägt vor, zwischen »Leben« und »LEBEN« zu unterscheiden. Letzteres soll die Lebenden umfassen und zugleich all das, was sie im Lauf der Zeit transformiert haben: Meer, Berge, Boden und Atmosphäre, verstanden als Bestandteile einer einzigen Ahnenreihe. Während die Vokabel »Leben« ein Gattungsname bliebe, der für alles gilt, was man überall im UNIVERSUM anzutreffen hofft, wäre »LEBEN« ein Eigenname zur Bezeichnung *dieser* ERDE und ihres ganz besonderen Gefüges. Aber damit besteht insofern die Gefahr eines neuen Missverständnisses, als die Bezeichnung »lebend« üblicherweise mit organischem Leben in Verbindung gebracht wird. Um die Verwechslung des Gattungsnamens »Erde«, der einen Planeten bezeichnet, mit dem Eigennamen »ERDE« zu vermeiden, habe ich zum Glück einen technischen und wissenschaftlichen Begriff zur Hand (er ist, wie so oft, dem Griechischen entlehnt): Gaia, glücklicher- oder auch unglücklicherweise zugleich der Name einer besonders vielseitigen mythologischen Gestalt. Wir werden daher nicht sagen, die Erdverhafteten seien *auf der Erde* (Gattungsname), sondern: *mit* ERDE oder *Gaia* (Eigennamen).

4. »ERDE« ist ein weiblicher Name, »UNIVERSUM« nicht

Ich beginne gerade, mich als Erdverhafteter unter anderen Erdverhafteten zu verorten, da stelle ich, kaum ist die Überraschung verflogen, fest, dass sie sich nie überall »frei« in irgendeinem undifferenzierten Raum bewegen, sondern dass sie diesen Raum nach und nach konstruieren. Seltsamerweise ist es gerade das Gefühl, im Lockdown zu sein, das uns diese Freiheit verschafft, uns endlich »frei« zu bewegen. Das Termite-Werden überzeugt uns davon, dass wir keine Minute überleben könnten, bauten wir nicht mit Speichel und Lehm einen winzig kleinen Tunnel, der uns erlaubt, in völliger Sicherheit einige Millimeter weiter zu kriechen. Ohne Tunnel keine Bewegung. Die frühere Freiheit ist verloren, dafür eine andere gewonnen. Gregor weiß endlich, wie er sich fortbewegen kann, nicht wie seine zu Hause eingesperrten Eltern, sondern real. Diese Verpflichtung, für jede einzelne Bewegung mit dem Anlegen eines Gangs zu zahlen, befreit mich ebenso wie ihn: Kriechend werde ich etwas länger in der Lage sein zu erforschen, wo ich bin – vorausgesetzt, ich scheue nicht die damit verbundenen Kosten.

Zunächst einmal muss ich wissen, wie weit ich gehen kann, wo die Grenzen dieses neuen Raums verlaufen, in dem ich mich darauf einrichte, für immer eingeschlossen zu sein. Die Erdverhafteten könnten ihre Grenzen anscheinend ziemlich rasch auskundschaften: Sie bräuchten sich nur zwei oder drei Kilometer – die genaue Entfernung ist umstritten – *nach oben* oder zwei oder drei Kilometer – diese Zahl steht noch weniger fest – *nach unten* zu begeben, dorthin, wo das von den Geochemikern so hübsch bezeichnete »Mutter-« bzw. Quellgestein weder von Wurzeln oder Wasserläufen gespalten noch von Mikroben angegriffen wurde. Das wäre die Grenze, unter der das UNIVERSUM in der Tiefe des Planeten beginnt. Das zumindest lerne ich, wenn ich Alexandra Arènes, die diesen neuen Raum zu skizzieren versucht, in die Gänge des Institut de physique du globe, des Instituts für Geophysik, folge. Es vermittelt uns endgültig Eingeschlossenen schon einmal eine recht genaue Vorstellung unserer äußersten Grenzen: Die Erdverhafteten können sich fortbewegen, aber nur so weit, wie es der Schicht, dem Biofilm, der Strömung, dem Fluss, der steigenden Flut lebender Wesen, die wir ERDE oder Gaia nennen, gelungen ist, einigermaßen dauerhafte Wohnbedingungen für die Nachfahren zu schaffen. Keinen Meter über dieses Ästuar hinaus.

Wenn wir lernen müssen, uns über diese Grenzen zu freuen, dann deshalb, weil wir die feine, nur wenige Kilometer breite Existenzschicht, die wir mit einer geeigneten Ausrüstung durchmessen können, nicht mehr mit Räumen verwechseln wollen, in die wir uns nur vermittels bildgestützter Erkenntnis begeben können – sei es, um bis an die Grenzen des Kosmos zu gelangen, sei es, um zum Erdkern hinabzusteigen. So wie Gregor, Schabe oder Käfer geworden, unter das Sofa kriecht, um sich zu verstecken, werden die Erdverhafteten sich bewusst, dass sie innerhalb einer Schicht Schutz suchen müssen, die winzig ist im Vergleich zu jenem Außerhalb, das UNIVERSUM zu nennen sie sich entschieden haben und in dem sie ihrem früheren Eindruck nach uneingeschränkt reisen konnten, indem sie mit Hilfe des »kartesischen Koordinatensystems« – unter Berücksichtigung des Maßstabs einer Karte, wie wir in der Schule gelernt hatten – jeden beliebigen Ort eindeutig lokalisierten.

Zur Bezeichnung jener Schicht, dieses Biofilms, dieses Firnis hat Jérôme Gaillardet mir den Ausdruck *kritische Zone* beigebracht. Ein recht treffender Ausdruck, denn die Spannung, Fragilität, Grenze, Schnittstelle dieser Zone zu verstehen ist eine *kritische* Frage. Das verändert natürlich die Bedeutung dieses Adjektivs. In meiner Jugend verstanden die vorhergehenden Generationen unter »kritischem Geist« die Fähigkeit, aus der Distanz heraus zweifeln zu lernen. In einer kritischen Zone zu leben hingegen heißt, zu lernen, *etwas länger fortzubestehen*, ohne die Wohnbedingungen späterer Lebensformen zu gefährden. Das Wort »kritisch« verweist nicht mehr nur auf eine subjektive und intellektuelle Qualität, sondern auf eine gefährliche und ungeheuer objektive Situation, in der *kritische Nähe* gefragt ist.

Das ist nicht nur eine Frage des Raums, sondern auch der Konsistenz von Beziehungen; es ist, als lebten wir nicht mehr in derselben Welt wie früher und nichts würde klingen wie zuvor. Was denjenigen, die aus dem Lockdown aussteigen, das Gefühl vermittelt, dieselbe Verwandlung wie Gregor erlebt zu haben. Letztlich sind wir nicht mehr ganz »Menschenwesen« alter Art, und deshalb fühlen wir uns so unwohl, vor allem, wenn wir auf die Masken fluchen, die uns halb ersticken.

Während des Lockdowns konnten wir, zumindest die Privilegiertesten unter uns, die Erfahrung machen, dass wir, auch wenn uns nicht erlaubt war, unsere Wohnungen zu verlassen oder weiter als den einen vorgeschriebenen Kilometer zu gehen, doch vermittels der »Kommunikationsmittel« zu einer *anderen Welt* aus Filmen, Videokonferenz- und Streamingdiensten Zugang hatten. Wir haben einen starken Gegensatz empfunden zwischen den Wänden, den Möbeln, dem Zimmer, dem Bett, der Katze, den Kindern, die wir berühren, messen, riechen konnten, einerseits und den Geschichten, Kursen, Einkäufen im Internet und den *Chats* aus jener anderen Welt, die wir weder berühren, spüren noch umarmen konnten, andererseits. Vielleicht kann ich damit *mutatis mutandis* annähernd verdeutlichen, wie es sich mit dem Unterschied zwischen der Erfahrung, die die Erdverhafteten mit ihrer kritischen Zone machen, und ihrem *indirekten* Verständnis des UNIVERSUMS verhält.

Für den Zugang zum UNIVERSUM reicht ein gutes WLAN natürlich nicht aus; dazu muss der Strom der

Bilder, Aufzeichnungen, Spuren, Gegenstände verfügbar sein, die die Instrumente, Sensoren, Sonden, die geologischen Tiefenbohrungen, Forschungen, Satelliten liefern, die im Lauf der Zeit von mehr oder weniger üppig ausgestatteten Wissenschaftlerteams erfunden wurden. Doch so verblüffend die dabei gewonnenen Datenreihen, so beeindruckend die zu ihrer Interpretation erforderliche Einbildungskraft, so präzise die Berechnungen auch sein mögen, die es erlauben, die Daten miteinander zu verknüpfen: Die besagten Wissenschaftler haben den Blick auf den Bildschirm zu heften, auf dem ihre Daten flimmern, und das Büro keinen Zentimeter weit zu verlassen. Sie alle sind, um einen Ausdruck zu verwenden, den der Lockdown popularisiert hat, im *Homeoffice*, das heißt fern von dem, worüber sie sprechen. Sie greifen auf denkbar objektive Weise auf diese Dinge zu, verlassen selbst aber nie ihren Platz. Hörten sie auf, ihre Bildschirme zu konsultieren, liefen sie im Übrigen Gefahr, von der bildgestützten Erkenntnis zur Imagination, dann bald zum Imaginären, vielleicht sogar zur Träumerei überzugleiten. Wie weit sie auch gehen, um *mit Sicherheit* zu erkennen, sie müssen doch immer an ihren Daten kleben, buchstäblich mit der Nase in ihren Berechnungen stecken. Ihre Sicht ist folglich nie »von nirgendwo«. Diesen Punkt der Wissenschaftssoziologie hat jeder begriffen, der den Zickzackkurs, den die Kenntnisse über das Virus nahmen, tagtäglich mitverfolgte. Kein Zweifel: Die lange und schmerzhafte Produktion der objektiven Erkenntnis kommt zur Welt hinzu, sie schwebt nicht über ihr.

Diese Lektion des Lockdowns dürfen wir auf keinen Fall vergessen, wie wir uns auch nicht dazu verleiten lassen sollten, »Hausarbeit« und Homeoffice zu verwechseln: Beides wäre deshalb so gefährlich, weil das Verhalten der ERDE-Wesen nicht zwangsläufig denselben Regeln gehorcht wie die Bewegung der Dinge jenseits des Limes. Während die Dinge im UNIVERSUM, zu denen wir anhand von Bildern Zugang haben, das aus so weiter Ferne betrachtete Schauspiel vermitteln, ihnen äußerlichen Gesetzen zu *gehorchen*, rühren die Erzeugungssorgen der ERDE-Wesen daher, dass ihr Handlungsablauf allenthalben durch das Eindringen der anderen Akteure, von denen sie abhängen, *unterbrochen* wird. Beides zu verwechseln wäre so, als würde eine Lehrkraft glauben, ein Online-Kurs könne einen »wirklichen« Kurs ersetzen; ein Fußballfan, ein Videospiel sei dasselbe wie eine reale Begegnung »mit Körperkontakt«; oder als wenn eine Philosophin fertige Wissenschaftsbefunde mit dem Prozess verwechselte, in dem sie entstehen. Jene Differenz zu respektieren bedeutet, niemals die unzähligen Überraschungen aus den Augen zu verlieren, die immer wieder die Handlungsabläufe der interagierenden Erdverhafteten zerhacken. (Das Adjektiv »terrestrisch« bzw. »erdverhaftet« bezeichnet nicht einen bestimmten Typus von Existierenden – Läuse, Viren, Vorstandsvorsitzende, Flechten, Ingenieure oder Landwirte –, sondern nur eine bestimmte Art und Weise, sich *zu lokalisieren*, indem man sich die Reihe der Vorfahren und Nachkommen vergegenwärtigt, deren Erzeugungssorgen sich für einen kurzen Augenblick kreuzen.)

Wenn wir online sind, laufen wir stets Gefahr zu meinen, die Phänomene würden sich *kontinuierlich* von einem Ausgangszustand zu einem voraussehbaren Endpunkt hin *entwickeln*. Um am Ende sogar zu glauben, dass, sobald wir nur den Ausgangszustand hätten, »der Rest« sich »wie vorgesehen« entwickeln würde – darin besteht die ganze Gefahr des Lebens im Homeoffice. Mit ERDE und folglich »in Wirklichkeit« finden auf allen Stufen Überraschungen statt. Kontinuität ist zwangsläufig Ausnahme, da die Erzeugungssorgen jedem Existierenden so etwas wie eine Erfindung, eine – und sei es eine winzig kleine – Kreation abverlangen, um seine Ziele zu erreichen. Dafür müssen diejenigen, die sich entschieden haben, etwas länger fortzubestehen, den unvermeidlichen Hiatus der Existenz überwinden, ihre Diskontinuität, die ihnen von den zu passierenden Vielheiten aufgezwungen wird. Folglich darf der Online-Zugang zum UNIVERSUM nicht verwechselt werden mit dem Leben mit ERDE *im Präsenzmodus*!

Mir drängt sich jedoch der Eindruck auf, dass die vorhergehenden Generationen – es handelt sich ja tatsächlich um einen Generationenkonflikt oder genauer um einen Erzeugungskonflikt – uns dazu verleitet haben, die beiden Bewegungsarten zu vermischen. In diesem Sinne haben sie uns das Leben unmöglich gemacht! Nachdem über Jahrhunderte hinweg versucht wurde, sich UNIVERSUM nach dem von ERDE entlehnten Modell vorzustellen – die berühmte Analogie von

Mikro- und Makrokosmos –, wollte man anschließend das Leben mit ERDE nach einem Modell des UNIVERSUMS umgestalten. Das lief auf den Versuch hinaus, *alle Hiatus einzuebnen* und sie durch das bloße *Abspulen* vorweg bekannter Phänomene zu ersetzen, die kontinuierlich von ihren Ursachen zu ihren Folgen führen sollten. Das lief darauf hinaus, so zu tun, als brauchte keine Erzeugungssorge mehr berücksichtigt zu werden, um kontinuierliche Handlungsverläufe sicherzustellen. Das, was zuvor das (wieder einmal griechische) Wort *physis* bezeichnet hatte, wurde folglich unter der »NATUR« verdeckt, vergraben, verborgen, von der es einst zu Recht hieß, dass sie »zu verschleiern liebt«!

Aus jener Distanz zwischen Labor und dem Gebiet »da draußen« haben übrigens die Forscher der kritischen Zonen ihr Paradigma entwickelt: Wenn das Labor das Geschehen da draußen so schlecht vorhersagt, dann – wie sie erläutern – weil die Phänomene, die sich dort mit hoher Geschwindigkeit ereignen, durch das Eindringen tausend weiterer Akteure *verlangsamt* würden, die beim Ablauf der erhofften chemischen Transformationen hinzuträten, deren Kinetik durcheinanderbrächten und die Berechnungen verkomplizierten. Je mehr Beobachtungsposten der kritischen Zonen es gibt, umso stärker wächst die *Heterogenität* von ERDE. Von einer Zone zu sagen, sie sei »heterogen«, bedeutet, einmal mehr diese Erzeugungssorgen und dieses Gemisch von Wesen zu betonen, von dem ihre Bewohnbarkeit langfristig abhängt. Was zur Erfindung von mehr oder weniger zusammengebastelten Ad-hoc-Modellen für jedes Phänomen und fast jeden Standort zwingt, bis eine Bestandsaufnahme aller dieser Verflechtungen erfolgen kann.

Was die Schwierigkeiten noch vermehrt, ist die Tatsache, dass ERDE oder Gaia sich nicht »überallhin« ausgebreitet hat. Als Timothy Lenton die kritische Zone vom Blickpunkt des UNIVERSUMS aus zu betrachten begann – also von seinem Büro des Global Institute der Universität von Exeter aus, das über einen Stab exzellenter, höchst erdverhafteter Forscher verfügt –, wurde mir sogar klar, dass Gaia im Vergleich mit der von der Sonne stammenden Energie fast nicht ins Gewicht fällt (0,14 Prozent) oder auch mit derjenigen, die vom Zentrum des Planeten Erde (Gattungs-, nicht Eigennamen!) ausgeht. Das erklärt auch, warum die Physiker den Einfluss des Lebens nur schwer ernst nehmen können. Aus der Ferne betrachtet, erscheint der Biofilm, in dem die Erdverhafteten sich eingesperrt vorfinden, wie eine winzige Flechte. Das erklärt auch die – zugegebenermaßen starke – Versuchung, alles, was mit ERDE geschieht, völlig herunterzuspielen. Ein bisschen Staub, ein wenig Humus, etwas Schlamm. Arme Erdverhaftete, die ihr eure Subsistenz Sekunde um Sekunde mit der Ausbesserung eurer armseligen Basteleien bezahlen müsst! Immer wieder der von Gregors Papa gegen die unglückseligen Kakerlaken geschwungene Stock. Als böte das Leben im Präsenzmodus lediglich einen armseligen Ersatz für das wahre virtuelle Leben.

Das hindert aber ERDE keineswegs daran, zeitweise

Stücke des UNIVERSUMS aufzunehmen. Denn zum Glück lassen sich mit Hilfe von Berechnungen, entsprechenden Ausrüstungen, langwierigeren Lernprozessen und innerhalb geschützter Innenräume kleine UNIVERSUMS-Schächte schaffen, in denen die Dinge sich tatsächlich wie vorgesehen von den Ursachen zu den Konsequenzen hin ent-wickeln. All das nach erregenden Erfindungen und langen Proben, bei denen natürlich nichts so lief wie vorgesehen ... Es sind die von den Wissenschaftshistorikern und -soziologen so geliebten Labore, die Teilchenbeschleuniger, die Kernreaktoren bis hin zu dem verblüffenden Versuchs-Kernfusionsreaktor ITER, denen es gelingt, mittels wahrhaft extremen *Lockdowns* einige Mikrosekunden lang Fusionen ähnlich der zu generieren, die die Sonne erstrahlen lässt. Ja, aber dieses Bravourstück ereignet sich just in Saint-Paul-lez-Durance, *im* Département Bouches-du-Rhône, dank milliardenschwerem Aufwand und, vor allem, ohne dass dabei das eifersüchtig von höchst erdverhafteten Technikern, Ingenieuren, Inspektoren und Wachpersonal überwachte Sperrgelände verlassen wird, da ansonsten eine Katastrophe drohte.

Diese Schächte, Pfützen, Isolate des UNIVERSUMS innerhalb der ERDE bilden also niemals, es sei denn im Traum, ein kontinuierliches Ganzes. Es ist eher eine Kette extrem abgeschotteter isolierter Räume, von denen jeder einzelne von der Erfindungsgabe der Lebenden, der Ingenieure, Forscher, Techniker und Manager abhängt. Nichts darin wäre in der Lage, *an die Stelle* dessen zu *treten*, woraus ERDE gewebt ist. Wie ich glaube, ist uns allen das bewusstgeworden, als wir sahen, welche Schwierigkeiten Ärzte und Epidemiologen hatten, Tag für Tag ihre Kenntnisse über dieses verdammte Covid-19 zu »vereinheitlichen«.

Anders als die vorhergehenden Generationen, die Gaia illusionär als sonderbare Flecken vor dem Hintergrund eines homogenen, geebneten und kontinuierlichen UNIVERSUMS wahrnahmen, begegnen den Erdverhafteten, in Umkehrung dieses Bildes, auf ihren Wegen tendenziell eher mit hohen Kosten aufrechterhaltene Inselchen des UNIVERSUMS, die sich mit ihren scharfen Rändern deutlich von dem dünnen Teppich abheben, den die miteinander verketteten Lebenden weben und unaufhörlich ausbessern. Ja, diese Archipele sind bewundernswert; mir stehen förmlich Tränen in den Augen, wenn ich der Beschreibung eines schönen Experiments lausche; aber das sind Ausnahmen in einer Welt, die konstant von ganz anderen Wirkmächten gestützt wird. Wie in jenen Vexierbildern, in denen der Hintergrund zum Vordergrund werden kann, das Kaninchen zur Ente und umgekehrt.

Für dieses metaphysisch anmutende Thema bietet der kürzliche Lockdown ein wunderbares Beispiel. Haben wir doch erkennen müssen, während wir online durch die »unendlichen Räume« reisten (oder, falls die Mittel dazu fehlten, durch mehrteilige TV-Serien transportiert wurden), dass wir nicht lange ohne eine Vielfalt von Berufen überleben konnten, von denen wir bislang zugegebenermaßen nur eine verschwommene Vorstellung hatten: all die in der Lebensmittelwirtschaft Tätigen, die Lieferanten, Spediteure, nicht zu vergessen die Krankenschwestern, Notarzthelfer und »Pflegekräfte«, eine ganze ebenso schlecht bezahlte wie wenig angesehene Bevölkerungsgruppe, unter ihnen häufig »Farbige«, wie es früher hieß, und zuweilen Menschen ohne Aufenthaltsstatus. Die einfachste Handlung, wie sich ernähren, erforderte die Unterstützung einer ganzen Reihe von Akteuren, um »die Grundversorgung zu gewährleisten« – man hatte es ungefähr geahnt, aber nun war es gar nicht mehr zu leugnen. Berufe, die man zu missachten geneigt war, wurden essentiell, und umgekehrt. Auf einmal erschien die Arbeit der Lehrer den Eltern, die nun gehalten waren, ihren Sprösslingen Rechnen und Lesen beizubringen, als höchst schwierig. In allen Familien sprang die ungerechte Arbeitsteilung zwischen den Geschlechtern noch mehr ins Auge. Der Alltag erforderte unseren ständigen Einsatz, wiederum einfach, damit das Leben weiterging.

Die Erfahrung des Lockdowns erscheint mir deshalb so instruktiv, weil er die lange Geschichte der im Laufe der Zeit fortschreitenden Eliminierung der Erzeugungssorgen spürbar macht, das heißt auch der Besorgnisse um die Geschlechter oder vielmehr *des Unbehagens der Geschlechter.* Nicht von ungefähr ist ERDE – und selbstverständlich auch Gaia –, ein weiblicher (Eigen-)Name, UNIVERSUM dagegen nicht.[5] Zusammen mit anderen Philosophinnen und Historikerinnen ist Émilie Hache dabei, die sonderbare Auf-

5 Im Französischen ist »univers« männlich; Anm. d. Ü.

teilung zu rekonstruieren, bei der die Fragen der Erzeugung auf die Fortpflanzung durch die weiblichen Wesen oder Mütter beschränkt, den männlichen Wesen dagegen eine ganz andere Genese zugewiesen wäre, die völlig auf Geburt verzichten würde – oder bei der jedenfalls die männlichen Wesen *aus sich selbst heraus* oder durch sich *allein* – autochthon! – geboren würden. Mit dem Ergebnis, dass Frau, Geburt, Mutterschaft und Leben gleichgesetzt wären, die männlichen Wesen dagegen unmittelbar von UNIVERSUM geboren würden – wenn sie denn überhaupt geboren sein wollten … Alle Erzeugungssorgen auf der einen Seite, während die andere Hälfte von allen Sorgen um Fortpflanzung, Erziehung oder Pflege befreit wäre.

Mir scheint, dass die Erdverhafteten, wie ich von Donna Haraway gelernt habe, sich lieber andere Geschichten erzählen, ohne viel Bezug zu denen ihrer Eltern, *vor allem aber ihrer Väter*, und untereinander ganz andere Genealogien entwerfen. Erzeugung darf nicht mit identischer Reproduktion verwechselt werden. Die schlechteste Lösung bestünde darin, die Fähigkeiten zum Hervorbringen auf eines der beiden Geschlechter zu *beschränken*, als sollte das Weibliche auf die Fortpflanzung begrenzt werden – und was bliebe für das Männliche übrig? Erzeugt wird wahrhaft auf vielfältige Weise – wie Donna sagt: »Make kin, not baby.« Besser wäre es, diejenigen, die (an)erkennen, dass sie geboren sind, dass sie der Pflege bedürfen, dass sie Vor- und Nachfahren haben – nämlich die Erdverhafteten –, von denjenigen zu unterscheiden, die dem

Traum anhängen, der Klapperstorch hätte sie gebracht oder sie wären in Kohlköpfen zur Welt gekommen,[6] jedenfalls fix und fertig den Schenkeln des UNIVERSUMS entsprungen, und die nichts mehr wünschen, als dorthin zurückzukehren. Letztere schrieben sich sogar unlängst noch das Privileg zu, als »die Menschen« zu gelten. Und jetzt dieser Schock, der sie völlig aus der Fassung bringt: Gaia soll mit dem Weiblichen in Verbindung stehen!

6 Der Kohlkopf ist ein altes Fruchtbarkeitsymbol. In Frankreich wurde die Herkunft der Kinder ihnen lange Zeit damit erklärt, dass die Jungen in Kohlköpfen geboren würden (und die Mädchen in Rosenblüten); Anm. d. Ü.

5. Erzeugungsstörungen auf allen Ebenen

Allem Anschein nach eignet sich der vom Virus erzwungene Lockdown für mich als Modell, uns peu à peu mit dem universellen Lockdown vertraut zu machen, den uns das aufbürdet, was ein sanfter Euphemismus als »ökologische Krise« bezeichnet. Du spürst durchaus, dass es sich nicht um eine Krise handelt, sondern um eine Mutation: Du hast nicht mehr denselben Körper, und du bewegst dich nicht mehr in derselben Welt wie deine Eltern. Zurzeit stößt uns dasselbe zu wie Gregor, und wir sind entsetzt über diese definitive Einsperrung. Das seltsame Versprechen, das in dem Titel von Kafkas Erzählung steckt, nämlich das einer »Verwandlung«, ist für dich ebenso wenig spürbar wie für mich – bisher jedenfalls. Es ist einfach zu grausam, nicht mehr wie Menschen alten Schlags leben zu können, das heißt wie moderne Menschen. Das Seltsamste daran ist: Diese Angst wird von allen, auf allen Ebenen, gegenüber allen Existierenden geteilt, so dass eine Art *Universalität neuer Art* entsteht, die überhaupt nichts mit dem zu tun hat, was mit dem Wort »die Menschen« jüngst noch in Verbindung gebracht wurde. Als hätten wir mit einer ganzen Kaskade von Erzeugungsstörungen zu tun, die uns trotz allem vereint.

Auf solche Ängste stoße ich zunächst vor allem bei politischen Einstellungen. Wenn junge Leute ihre Bewegung »Extinction Rebellion« taufen, fällt es nicht schwer, darin das Symptom eines bedrückenden Zweifels an der Fortsetzung der Generationenfolge zu erkennen – und für sie geht es dabei nicht nur um das Los der Menschen. Man muss auch nicht unbedingt sehr auf dem Quivive sein, um in der gleichsam viralen Ausbreitung von Zusammenbruchs- und Kollapsthemen Versionen jenes »Stillstands der Welt« zu entdecken, den Deborah Danowski und Eduardo Viveiros de Castro so trefflich diagnostiziert haben – als wollten die Menschen sagen: »Jenseits dieser Grenze gibt es nichts: *no future*.«

Täusche ich mich, wenn ich auf der anderen Seite des »politischen Spektrums« eine ähnliche Unruhe wahrnehme, dort in Form einer Panik angesichts der Wiederkehr des Weiblichen, die dazu führt, die »Gendertheorien« als unerträglichen »Angriff auf die Familie« aufzufassen, was wiederum dazu verpflichtet, den »Kampf gegen die Abtreibung« und Abweichungen von der sexuellen Norm neu und immer schriller zu entfachen? Wie könnte man seine Erzeugungssorgen unmissverständlicher äußern? Und was hat es mit der Besessenheit der Rechtsextremen vom »Großen Austausch« auf sich? Natürlich, ihnen geht es um Hass gegen andere Menschen und nicht um Wut angesichts der Vernichtung nichtmenschlicher Wesen, aber steckt nicht dieselbe Furcht dahinter? Gerade jetzt, da die politischen Positionen sich selber vorkommen, als seien sie einander radikaler feind denn je – eint sie da nicht trotz allem dieselbe Angst? Als lastete über allen politischen Projekten die Auslöschung wie eine diffuse Drohung. Als hätte das genealogische Prinzip plötzlich ausgesetzt. Kafka wäre nicht überrascht gewesen: Die »politischen Familien« haben allesamt *Familienprobleme*.

Die Mutation ist daran zu erkennen, dass die Politik uns nicht mehr in derselben Weise berührt. Übrigens hat uns während des Lockdowns nicht so sehr gesorgt, wie die Produktion am raschesten wieder in Gang zu bringen wäre, im Gegenteil: das Interesse, »wieder in Gang zu kommen«, geriet bei uns genauso unter Generalverdacht wie zuvor der »Weg des Fortschritts«. Statt baldmöglichst den »Aufschwung« ankurbeln zu wollen, verspürten anscheinend viele von uns die Risiken, die die Genese aller Lebensformen mit sich bringt. Plötzlich tauchte allerorten die Frage auf: »Auf was für einer Erde werden wir leben können, ich und die meinigen?« Wie wären sonst auch die neuen Formen von Interesse am Boden, an der Erde, am Lokalen (nicht zu vergessen der Reiz der Gartenarbeit und die seltsame Passion für nachhaltige Anbaumethoden!) zu verstehen, die mir vor zehn Jahren noch als »reaktionär« erschienen wären? Wenn ich sie nicht leicht zwischen links und rechts ansiedeln kann, dann deshalb, weil alle Welt auf tausenderlei Art auf dieselbe, von tausend verschiedenen Symptomen ausgelöste Unruhe »reagiert«. Als stünde im Kern des öffentlichen Interesses zwar durchaus das Problem des *Aufschwungs*, aber das eines wahrhaftig existentiellen Auflebens der Generationen – von Insekten oder Fischen, von Klimas oder Monsunen, von Sprachen oder Ländern, ebenso wie desjenigen menschlicher Nachkommen. Was, wie man zugeben muss, durch das Bild von der Rückkehr zur Erde ziemlich gut auf den Punkt gebracht wird: als sei es Zeit, endgültig zu landen, sich zu erden – nur wird jetzt die Erde nicht mehr dieselbe sein wie die, von der man einst abzuheben versucht hatte ...

Der Zweifel daran, dass die Bedingungen, unter denen sie bewohnbar ist, reproduzierbar sind, wurde durch den Zusammenbruch der »internationalen Weltordnung« noch verschlimmert. Als fiele es uns ebenso schwer, die Abfolge unserer genealogischen Geschichte zu definieren wie die Grenzen unserer Nationalgeschichte. Wenn es ein Raster des alten Planeten Erde gibt, das in keiner Weise den Ansprüchen, Einflüssen, Mischungen und Beziehungen der Existierenden entspricht, die die ERDE bilden, dann ist es mit Sicherheit dasjenige, das die von der Vergangenheit ererbten Gebietshoheiten absteckt. Und zwar aus dem Grund, den Pierre Charbonnier uns sehr gut erklärt: Jeder in Grenzen gefasste Staat ist per definitionem gezwungen, hinsichtlich dessen, was ihn am Leben erhält, *zu lügen*, denn wenn er reich und entwickelt ist, muss er sich klammheimlich über andere Territorien ausbreiten, für die er jedoch nicht die geringste Verantwortung übernimmt. Eine fundamentale Heuchelei, die eine Trennung erzeugt zwischen *der Welt, in der ich als Bürger* eines entwickelten Landes *lebe, und der Welt, von der ich als Konsument* dieses Landes *lebe*. Als verdopple sich jeder reiche Staat um einen Phantomstaat, der ihn nie in Ruhe lässt, eine Art Doppelgänger[7], der ihn einerseits am Leben erhält und andererseits von ihm verschlungen wird.

Kein Staat wäre lebensfähig, wenn er sich von seinen Grenzen einschränken ließe. Deswegen sorgt er sich so um seinen Fortbestand. Auf diese heikle Lage reagieren wir zwangsläufig mit Angst, vor allem, wenn wir reich sind; und noch mehr, wenn wir zu jenen Generationen gehören, die am längsten von ihr profitiert haben, zu den berühmten und so lästigen *Babyboomern*. Ein Gefühl zu ersticken, das in dem Maße wächst, in dem der Klimawandel sich intensiviert. Eine Panik, die viele meiner Mitbürger in Form einer imaginären Rückkehr in ein vergangenes Vaterland zu teilen scheinen, das dem, was ihnen aufhelfen könnte, noch ferner ist als die globalisierte Welt, auf die sie bisher zusegelten. Was dazu führt, dass die nationalistische Versuchung sich ausgerechnet zu dem Zeitpunkt überall ausbreitet, da die schöne Vokabel *Nation* keinem Volk mehr zur *Wiedergeburt* verhelfen kann.[8] Und doch geht es durchaus um Wiedergeburt, aber *wo* und *mit wem*?

Wenn die Bürger der Nationalstaaten, vor allem der

7 Im Original deutsch; Anm. d. Ü.

8 Das Wort *nation* hängt etymologisch mit *naître* (geboren werden) und *renaissance* (Wiedergeburt) zusammen, daher klingt es in Latours Ohren so schön. Leider ist dieses für den französischen Leser transparente Wortspiel im Deutschen nicht wiederzugeben; Anm. d. Ü.

reichen und mächtigen, auf diese Fragen keine Antwort finden, liegt das an dem Begriff *Grenze* selbst, deren Schutz jenen Staaten eigentlich dazu verhelfen sollte, ihre Bürger zu beschirmen, sie jetzt aber letztlich daran hindert, ihnen das Leben zu erhalten. Ähnlich wie jenes (mit David Western besichtigte) Reservat in Kenia, das ein Milliardär mit hohen Hindernissen umgeben hatte, damit sein *wild life* – sein Wildbestand und sein wilder Charakter – ihm nicht abhandenkomme, aus dem jedoch einige Jahre später eine Wüste geworden war, in der nur noch ein paar ausgemergelte Rinder weideten, zu faul oder zu schwach, um über das Gatter zu springen. Das ist die neue Universalie, die bei allen Existierenden anzutreffen ist, freilich eine besonders schäbige: Wir sind alle von den *Grenzen des Begriffs Grenze* betroffen; wir haben Mühe, den Nomos der Erde zu verorten. Mir scheint, das Vordringen Gaias zeigt sich nicht nur in einem Interesse für die »Natur«, sondern in einer allgemeinen Verunsicherung hinsichtlich unserer Schutzhüllen. Wenn der Lockdown die schlechte Nachricht ist, dann ist die Infragestellung der Vorstellungen von »Grenze« die gute. Wir verlieren den seltsamen Impuls, uns jeder Grenze zu entziehen, gewinnen aber dafür die Freiheit, uns von Verflechtung zu Verflechtung zu bewegen. Einerseits malträtiert der Lockdown die Freiheit, andererseits befreien wir uns endlich vom Unendlichen.

Daher haben wir nicht mehr in *Identitäts*begriffen zu denken, sondern – um ein wenig in die Ethologie der Lebewesen hinabzusteigen – in solchen von Überlagerung und Überlappung. Die Ökologen nennen diejenigen *autotroph*, die sich *aus sich selbst heraus* ernähren, wobei sie alles, was sie zum Leben brauchen, dem Sonnenschein abgewinnen wie die Verliebten, von denen es heißt, dass sie »von Luft und Liebe leben« (was allerdings für Verliebte nicht zutrifft …). Ihr könnt die Bakterien und die Pflanzen zu den Autotrophen zählen – und natürlich Gaia. Streng genommen, im rechtlichen Sinn, ließe sich behaupten, dass nur Autotrophe sich zu Recht als autonom, autochthon und durchaus eingegrenzt erachten dürfen. Sie allein verfügten demnach über eine Identität. In dem wenig wahrscheinlichen Fall, dass es sie interessieren würde, könnten sie sich eines gewissermaßen natürlichen *Rechts auf Alleineigentum* erfreuen, da sie zur Führung ihrer Geschäfte von keinem anderen Erdverhafteten abhängen. Was die *Heterotrophen* angeht, also alle anderen, alle, mit denen wir täglich umgehen, Tiere wie Menschen, so haben sie selbstverständlich kein Recht, jedenfalls kein *Naturrecht*, ein Privileg auf Alleineigentum zu beanspruchen, da sie in ihrer Existenz, wie die Staaten, von einem phantomhaften Körper abhängen, der manchmal ungeheure Ausmaße annehmen kann. Dieses Recht haben sie auch dann nicht, wenn sie lügen und heucheln, indem sie die Existenz von Erdverhafteten leugnen, die ihnen zum Leben verhelfen. Was begreiflicherweise bei jedem von uns ein enorm schlechtes Gewissen hervorrufen kann. Unser Unglück ist es, eingepfercht zu sein, aber kein eigentliches »Zuhause« zu haben. Aber ebendies erlaubt uns, den Identitätsfallen zu entkommen. Dank dem Lockdown atmen wir endlich!

Wenn diese Abgrenzung zwischen Autotrophen und Heterotrophen nicht ganz klar ist, so deswegen, weil Bakterien und Pflanzen infolge ihres Stoffwechsels unvermeidlich Abfälle hinterlassen. Einem kanonischen Bericht über die Frühgeschichte der Erde zufolge haben übrigens Cyanobakterien, so autotroph sie auch sein mögen, vor zweieinhalb Milliarden Jahren angefangen, die Atmosphäre zu verschmutzen, indem sie Sauerstoffmoleküle ausschieden, die für ihre Vorgänger, die »Anaerobier«, hochgiftig waren, so dass diese in tiefsten Regionen Zuflucht suchen mussten. Somit üben selbst die Autotrophen einen entscheidenden Einfluss auf die anderen Erdverhafteten aus, der diese zwang, sich schlecht und recht mit den unvorhergesehenen Folgen ihrer Handlungen zu arrangieren. Emanuele Coccia definiert die sogenannten »höheren« Tiere – einschließlich der Menschen – als Einatmer von Pflanzenausscheidungen. Das ist sogar eine genauere Definition der Erdverhafteten als die, der zufolge sie *stromaufwärts* von dem abhängen, was ihnen zu leben ermöglicht, um *stromabwärts* die von sich abhängig zu machen, die von ihren Absonderungen leben. ERDE ist aus solchen Verknüpfungen gewebt.

Hier setzt eine beschleunigte Erneuerung der politischen Affekte ein, ja eine wahre Verwandlung. Wenn sich die »Menschen« alten Schlags anderen Völkern gegenüber als »Individuen« präsentieren, die das Privileg beanspruchen, ein Recht auf Alleineigentum auszuüben, kommen sie uns Erdverhafteten immer seltsamer vor. Dieses Recht auf »Individualität« könnte nur von *völlig autotrophen, keinerlei Rückstände hinterlassenden Existierenden* reklamiert werden. Was nur für Gaia gelten kann, die in ihren Domänen und Nischen per definitionem sich selbst beinhaltet. (Was ihr, wenn das sie tangieren könnte, derselben Logik zufolge erlauben würde, ein Eigentumsrecht und sogar eine ziemlich neue Form von Souveränität zu beanspruchen – der Sache wäre nachzugehen.) Wenn es aber eine Völkerschaft gibt, die keinesfalls und in keinerlei Hinsicht von sich erklären kann, aus scharf umrissenen, innerhalb einer sicheren Grenze agierenden Individuen zu bestehen, so ist dies gewiss die moderne »Menschheit«, der du bis vor Kurzem mit Stolz angehört hast. Aus diesem Grund erscheint übrigens die Beschreibung von Gregors Insekt-Werden als so *realistisch* – im Gegensatz zu der der anderen, nur grob umrissenen Gestalten der Erzählung.

Die universelle Krise, die der Lockdown zum Vorschein gebracht hat, besteht darin, dass alle juristischen und wissenschaftlichen Werkzeuge, mit deren Hilfe die »Menschen« ihre Beziehungen zu reflektieren vermochten, auf eine Welt bezogen waren, die niemand je bewohnt hat! Man begreift ihr Entsetzen. Es handelte sich um Konzeptualisierungen von Romanen fiktionaler Individuen – und auf einmal merken diese Individuen, dass sie mit ERDE zusammenwohnen, auf immer miteinander vermischt, unentwirrbar verquickt, ineinander verschachtelt, ohne dass diese Bindungen auf Kooperation oder Konkurrenz einzugrenzen wären. Ja, wie Gregor sind sie von ihren Beinchen und Fühlern blockiert – von ihren Ausscheidungen ganz zu schweigen.

Das Individuum sitzt ganz schön in der Klemme, das war aller Welt längst klar, aber ich begreife jetzt, warum diese Gestalt, die nirgendwo auf ERDEN existiert, ihre vollendete Form erst sehr spät gefunden hat, nämlich in Nordamerika nach dem letzten Weltkrieg, und zwar in einem ebenso plumpen wie effektvollen Roman einer Phantastin namens Ayn Rand. Deren Geschichte erzählt, wie die von ihr bewunderten Unternehmer, niedergedrückt wie Atlas von der Last der Welt, die sie mit ihren zu hohen Steuern stützen, sich entschließen, ihre Bürde fallen zu lassen, um in ein geheimnisvolles Tal zu fliehen, eine zweite imaginäre Welt innerhalb der ersten; der Roman dieser reizenden Person trägt in einer deutschen Übersetzung den Titel *Atlas wirft die Welt ab*! In dieser Fiktion, verfasst in einem Land »ohne Bodenhaftung«, beschließen die Helden – »höhere« Individuen, weil sie »niemandem etwas schuldig sind« –, in den Streik zu treten und all die armen Teufel auszuhungern, denen ihre genialen Initiativen vorzuenthalten sie entschlossen sind! Als sollte der Flug von Elon Musk auf den Mars die neun Milliarden Erdbewohner in Trauer stürzen, die er zurücklässt ... *left behind poor blokes*. Mit ERDE trifft man natürlich keine dieser Romangestalten an. Das Individuum ist in dieser Welt immer ein Hapaxlegomenon, ein Theater-cogito, wie wir seit Descartes wissen. Wann immer sich daher ein Individuum als solches ausgibt und einen Alleinanspruch auf irgendein Gut erhebt, sollte uns das zum Lachen reizen.

Das Seltsamste ist, dass das, was für das politische Individuum gilt, genauso auf das biologische Individuum zutrifft. Wenn die Staaten einige Mühe haben, ihre Ressourcen und Abfälle zu »managen«, sollte man es ihnen nicht übelnehmen, haben die Biologen doch dasselbe Problem mit dem, was sie »lebende Organismen« nennen, ob es sich dabei um vollständige Lebewesen handelt, um ihre Zellen oder um ihre Gene. Das setzt sich in allen Naturwissenschaften fort, in denen man immer besser ermisst, wie schwierig es doch ist, die Existierenden auseinanderzuhalten.

Von Scott Gilbert und Charlotte Brives habe ich gelernt, dass jene Organismen paradoxerweise unfähig wären zu überleben, wenn sie tatsächlich den Zwängen des Neodarwinismus gehorchen und ihre Existenz tatsächlich den egoistischen Genen verdanken würden, die ihre Reproduktionsinteressen innerhalb der Organismen auf die Dezimalstelle genau berechnen. Und zwar zunächst einmal, weil sie von Nischen abhängig sind, die ihnen mehr oder weniger günstige Lebensbedingungen sichern, und ferner, weil sie an jedem Punkt ihrer Entwicklung die unvorhergesehene Hilfe anderer Akteure benötigen. Was soll »natürliche Auslese« bei einer Kuh bedeuten, wenn die Herstellung ihres Eingeweides von der parallelen Auslese einer Myriade von Bakterien abhängt, die aber nicht Teil ihrer DNA sind? Was ist ein »menschlicher« Körper, wenn die Anzahl der zu seinem Unterhalt erforderlichen Mikroben die seiner Zellen um ein Vielfaches übertrifft? Die Ungewissheit über die genauen Grenzen eines Körpers ist so groß, dass Lynn Margulis vorgeschlagen hat, den allzu engen Begriff »Organismus« durch das zu ersetzen, was sie »Holobionten« (Gesamtlebewesen) nennt, eine wolkenartige, nur vage konturierte Gesamtheit von Agentien, die es relativ dauerhaften Membranen ermöglichen, dank der Hilfe fortzubestehen, die das Außerhalb dem bietet, was sich innerhalb befindet.

Was den Lockdown so schmerzhaft und zugleich auf tragische Weise interessant macht, ist, dass sich das Erzeugungsproblem von nun an auf jeder Ebene und für alle Existierenden stellt und dass es eine zunehmende Unsicherheit über den Begriff »Grenze« nach sich zieht. Ihr habt alle verstanden, dass die Covid-19-Pandemie – selbst wenn sich irgendwann einmal ihr Ende abzeichnet – lediglich die Vorwegnahme einer neuen Situation darstellt, der ihr nicht entkommen werdet. Daher der Einbruch einer sehr paradoxen Form negativer Universalität – keiner weiß, wie er sich dauerhaft aus der Affäre ziehen soll –, zugleich aber positiver Universalität: Die Erdverhafteten erkennen sich als diejenigen, die alle im selben Boot sitzen. Einerseits fühlt man sich gefangen, andererseits befreit. Einerseits erstickt man, andererseits atmet man auf. Die Frage drängt sich auf, ob die bisher eher leere Formel »planetares Bewusstsein« nicht begonnen hat, sich mit Sinn zu füllen. Als hörte man in der Ferne die unerwartete, aber jeden Tag deutlicher artikulierte Losung: »Eingeschlossene aller Länder, vereinigt euch! Ihr habt dieselben Feinde: diejenigen, die auf einen anderen Planeten ausreißen wollen!«

6. »Hienieden« – allerdings gibt es kein Oben

Was mich am meisten verstört, wenn ich versuche, diese neue Einbeziehung des Planetarischen in die Politik mit anderen zu teilen, ist mein Eindruck, damit denen die Luft zu nehmen, an die ich mich wende, als würde ich einem schwer an Covid erkrankten Patienten das Beatmungsgerät abschalten. Alle modernen Emotionen drängten uns, aus uns herauszugehen, uns zu befreien, uns Luft zu verschaffen, und plötzlich hat man aufgrund dieser Mutation den Eindruck, zu ersticken. Und dann merkt man nach einiger Zeit, dass man besser atmet.

Noch schlimmer ist die Situation für die gläubigen Seelen, die mit dem Ausdruck ihres Glaubens gleichsam in der Luft schweben. Auf der einen Seite fanden sie sich mit diesem Jammertal nur *für eine bestimmte Zeit* ab, so lange, bis sie *woandershin* gelangen konnten; auf der anderen Seite gewinnt das »Hienieden« durch das Gefühl, dass der Lockdown für immer da ist und es nicht mehr in Frage kommt, woandershin oder, um auf eine ehrwürdige Formel zurückzugreifen, »in den HIMMEL« zu gelangen, seine eigene, ebenfalls endgültige Würde. Auf der einen Seite ist ihnen, als würden sie damit all ihre Hoffnungen fahren lassen; auf der anderen Seite, als wäre damit endlich die Voraussetzung dafür gegeben, dass sie sich erfüllen. Welchen Sinn könnten sie der Menschwerdung eines Gottes geben, wenn sie der Welt entfliehen müssten?

Selbstverständlich meinte dieses »Oben«, und das wissen alle Gläubigen sehr gut, nie eine *Höhe*, die man mittels eines Lasers messen kann, indem man sich in den isotropischen Raum – den des berühmten kartesischen Koordinatensystems – versetzt. Die Gläubigen, die früher ihre Blicke, ihre Hoffnungen, ihre Erwartungen »gen HIMMEL« richteten, maßen die Entfernung nicht in Kilometern, sondern ermaßen eine *Wertedistanz*. Der obere Teil einer byzantinischen Ikone mit ihrer goldenen Mandorla ist zweifellos »in der Höhe«, aber nur, um damit den größtmöglichen Abstand zum »Hienieden«, zu den in dunklen Farben gehaltenen armen Sündern herzustellen. Ja, dieser Kontrast deckt sich mit dem, was später, als man wähnte, modern zu sein, zum Himmel – *sky* – werden sollte, doch schließlich steht in jenem HIMMEL – *heaven* – nicht geschrieben, dass man tatsächlich in die Luft davonschweben soll (wie die Rakete, die den Unternehmer Elon Musk zur großen Verzweiflung der Erdbewohner zum Mars fliegen soll ...). Als die von ihrem Sohn aufgenommene Seele der Jungfrau Maria zum oberen Teil der Ikone getragen wurde, stieg sie nicht albernerweise durch den Raum empor, sondern verwandelte sich, indem sie in den HIMMEL einging.

Freilich ist seit den frühen Zeiten alles vielfach komplizierter geworden. Die fortschreitende Einführung von für das UNIVERSUM erdachten Transportformen auf ERDEN hat seit dem 17. Jahrhundert dazu geführt, dass unverständlich wurde, was bislang *hienieden* genannt worden war. Dieses Hienieden war eine frühe, althergebrachte Form des Terrestrischen, verbunden mit der alten *physis*: ein starkes Gefühl von Eingeschlossensein, Elend, Limitierung, Krankheit, Trauer um die Toten und Sorge um die Lebenden. Was den Aufflug zu einem Jenseits voll des Friedens, Lohns und Heils rechtfertigte. Der Gegensatz zwischen Unten und Oben hatte einen Sinn.

Doch in der Folge wurde aus diesem Unten »Materie«. Natürlich war an dieser »Materie« nichts materiell, da prinzipiell alle Erzeugungssorgen aus ihr eliminiert worden waren. Darin steckt die ganze Sonderbarkeit der Vorstellung, die Dinge der Welt als »ausgedehnte Sache« – *res extensa* – definieren zu können, und der noch befremdlicheren Vorstellung, ihr eine »denkende Sache« – die *res cogitans* – gegenüberzustellen. Selbstverständlich hat trotz aller Bemühungen, diese »ausgedehnte Sache« überall zu verbreiten, niemand je gemäß einer solchen, der Erfahrung so entgegenstehenden Dichotomie gelebt. Aber da diese abstrakte Vorstellung von »Materie« gleichwohl den Eindruck vermittelte, sich ohne weitere Anstrengung überallhin bewegen zu können, machte sie es unmöglich, jenen HIMMEL, auf den die Hoffnung der armen Sünder trotz allem immer noch gerichtet war, zu lokalisieren. Wir schauten immer noch in die Luft, aber der Himmel war entleert. Die Himmelfahrt der unglückseligen Jungfrau Maria vollzog sich nicht mehr durch *Wertübertragung* hin zum PARADIES in einer Flut von Gold und Engeln, sondern durch *eine Ortsverschiebung* im Raum, unter Zuhilfenahme vieler *putti* und Gewitterwolken. Ohne jedoch dieses mangelhaft konzipierte Raumschiff im Geringsten dazu zu befähigen, sich wirklich zu bewegen.

Das wiederholte Scheitern derartiger Raketenstarts führte bei den Gläubigen ab dem 18. Jahrhundert zur Erfindung einer »spirituellen« Welt, von der sie vorgaben, sie sei noch höher als hoch zu verorten, auf jeden Fall weit über der »materiellen« Welt, und in der sie endlich damit spielen konnten, heilige Figuren nach Belieben hin- und herzuschieben. In dieser höheren »spirituellen« Welt, die wie eine horizontale und klare Schicht über der finsteren »materiellen Welt« lag, sollte sich die Fortsetzung der Geschichte »nach dem Leben« abspielen. Scheinbares Ende des Lockdowns: endlich eine Hintertür – zumindest für die in ihre Leichentücher eingehüllten Toten.

Diese Erfindung wäre nicht besonders gefährlich gewesen, sie hätte nur dazu geführt, die Altarräume in den Kirchen mit faden Fresken und kitschigen Gipsstatuen zu versehen, wäre diese Trennung zwischen materiell und spirituell nicht *säkularisiert* worden. Religiöses Gefühl kann Krisen des Wahnsinns auslösen, aber die säkularisierte Religion macht wirklich verrückt. Was denn auch geschehen ist. Bei der Flucht aus der »materiellen« in die »spirituelle« Welt hatte man noch zu sehr den Geruch des Opiums in der Nase, mit dem die Pfaffen das Volk einzuschläfern suchten. Doch bei der Flucht aus der »materiellen« Welt in eine dem Anschein nach *rematerialisierte* »spirituelle« Welt sah man nur noch *positive* Werte, die dazu angetan waren, die einstigen Sünder zu begeistern, die sich jetzt dem Fortschritt, der Zukunft, der Freiheit, dem Überfluss zuwandten – neuen Figuren des HIMMELS, die mit denen des Himmels – *sky* – *verschmolzen wurden*. Sie ähnelten dem Himmel, da der Fortschritt als zweckmäßig, realistisch, empirisch erschien, bewahrten jedoch den von den Gläubigen lange Zeit hochgehaltenen, entscheidenden Wert des Himmels, den Zugang zu etwas Endgültigem und Absolutem zu erschließen. Zwei Fliegen mit einer Klappe. Selbstverständlich war das Amalgam nicht stabil, es erschien aber für eine bestimmte Zeit unwiderstehlich: Immer noch die Suche nach dem Paradies, aber *auf Erden*!

Nur bedeutet »auf Erden«, und wir empfinden das nur zu schmerzhaft, mitnichten »auf ERDEN« – im Sinne der Erdverhafteten. Indem eine nach oben strebende imaginäre Welt wieder nach unten geholt wurde, fand man sich plötzlich in einer noch imaginäreren Welt wieder. Da wird dann die Auswirkung des Eingesperrtseins noch schmerzlicher spürbar und bringt alle aus der Fassung, selbst die großzügigsten und idealistischsten Köpfe. Denn die Modernen hörten zwar nicht auf, die Pfaffen mit Hohn und Spott zu bedenken, die die Massen mit dem Versprechen einer imaginären »anderen Welt« einlullten, damit sie hienieden in der materiellen Welt *nicht handelten*, aber die Erdverhafteten sind ihrerseits gezwungen, die Modernen zu verspotten, die die Massen mit ihrem Versprechen einer »anderen Welt« einlullen, die nach und nach – gerade auch dank des Eingesperrtseins – der Tatsache innewerden, dass man sie noch stärker einschläfert, indem man ihnen die Rückkehr zur Erde verunmöglicht – ihr Landen. Hinderte der Lockruf des Paradieses die Völker am Handeln, so führte die Unmöglichkeit, das Paradies auf Erden zu verwirklichen, schließlich dazu, dass sie nichts mehr unternahmen, um »zu entkommen«. Das Einzige, was erhalten blieb, ist die Fähigkeit, die Massen einzulullen, indem man sie verleitet, immer stärkere Dosen Opium zu inhalieren …

Aber *wem* sollten sie eigentlich »entkommen«? Unsere – die der Eingesperrten, die der Erdverhafteten – paradoxe Antwort lautet, dass es gilt, dieser so wenig materiellen Materie ganz zu entkommen. Um wohin zu gelangen? Na, wohin wohl, nach Hause natürlich, *dahin, wo man ist, dahin, von wo man nie weggegangen ist.* Das Missverständnis, das die Gläubigen den Irrweg hin zu einer spirituellen Welt jenseits der materiellen einschlagen ließ, dann die säkularisierten Gläubigen den Weg zu einer materiellen Welt, die alle Qualitäten des Spirituellen (außer dem Religiösen!) haben sollte, rührt daher, dass sie die Verlagerung der Dinge im Universum mit der Erzeugung der Lebenden auf Erden verwechselt haben. Jener berühmten »ausgedehnten Sache«, jener *res extensa*, aus der die »materielle« Welt bestehen soll, eignet keine sinnlich wahrnehmbare Existenz »im Präsenzmodus«. Sie ist ein bequemes Mittel, um Entferntes auf einem Raster auszumachen, da sich damit Daten in durch das kartesische Koordinatensystem gezeichnete Felder *einordnen* lassen – aber nur auf dem elektronischen Bildschirm, im Homeoffice. Der unverwüstliche Begriff der Materie, aus der angeblich die »leblosen Dinge« bestehen, erscheint nunmehr als ein Amalgam aus dem distanzierten Verfolgen der Dinge, die sich auf der anderen Seite des Limes entfalten, und den dazu entwickelten Beschreibungsverfahren. So als hätte man das Territorium mit der Karte verwechselt.

Auf dieser Seite dagegen, im neuen Hienieden, im Sublunaren, stoßen wir Erdverhafteten weder auf »Materie« im eigentlichen Sinne noch auf »leblose Dinge«. Es kommt nur vor, dass wir die Nischen, Blasen, Anlagen, die andere Lebende halten, aufwerfen, aufrechterhalten, umwickeln, stapeln, mit anderen Lebenden verschmelzen – einschließlich Boden, Himmel, Ozeane und Atmosphären –, stören, verstärken, komplexer machen. In diesem Sinne ist unsere Erfahrung der Welt nicht »materiell«. Aber auch nicht »spirituell«. Sie ist mit anderen Körpern *zusammengefügt*, zu denen die bildgestützte Erkenntnis der fernen Dinge gezählt werden muss, ist aber niemals in der Lage, bei sich zu bleiben und um sich zu kreisen.

Diese Geschichte zu erneuern verlangt uns wahrlich die Geschmeidigkeit eines Schlangenmenschen ab: Um zu entkommen, müssen wir die Idee aufgeben wegzukommen, uns also entschließen, zu bleiben oder sogar *tiefer hineinzugeraten*! Damit ist allerdings nicht gemeint, dass man aus Verzweiflung oder mangels eines Besseren in die engen Grenzen der alten materiellen Welt (der alten modernen Welt) zurückkehrt, so als wären wir Gefangene, die aus Unfähigkeit, wirklich auszubrechen, resigniert in ihre Zelle zurückgehen. Zu lernen, die kritische Zone zu durchmessen, heißt weder ins einstige Hienieden noch in die materielle Welt zurückzukehren, aus der die Modernen den höchstmöglichen Profit ziehen wollten, um sie zugleich zu verachten und sich woandershin abzusetzen. Man kann nicht mehr fliehen, aber man kann denselben Ort anders bewohnen, womit die ganze Akrobatik, wie Anna Tsing sagen würde, auf neuen Formen beruht, sich *auf andere Weise* am selben Platz zu *verorten*. Wäre das übrigens nicht die beste Art, die Erfahrung des Lockdowns zu bilanzieren: Jeder hat sich darangemacht, *bei sich* zu leben, aber *auf andere Weise*?

Das ist auch die Erfahrung der Erdverhafteten. Wenn du zum Himmel aufschaust, siehst du dort nicht mehr wie deine Vorfahren den Wohnsitz Gottes, diesen Trost ihres erbärmlichen Lebens hienieden. Aber du siehst in ihm auch nicht nur die ferne Höhe, die wie in den Zeiten, da du dich modern wähntest, sich in Kilometern messen ließe. Du musst ihn wohl oder übel als eine Art Gewölbe eines abgeschlossenen Raums nehmen, das durch die vielförmige und vieltausendjährige Aktivität von Milliarden von Wirkmächten an Ort und Stelle gehalten wird. Für dich ist die Grenze dieser Atmosphäre keineswegs mehr vergleichbar mit der eines Balkens, den du mit einem Lineal misst und mit einem weiteren Balken und einem weiteren Lineal *ad infinitum* verlängern könntest; sie bildet vielmehr die äußerste Grenze eines Handelns, das dieselbe *Art Grenze* aufweist wie die Oberfläche eines Ameisenhaufens in den Augen einer Ameise. Sie lässt sich erweitern, gewiss, aber sicher nicht mit Hilfe eines Lineals, sondern allein durch die Einarbeitung, Rekrutierung und Verpflegung einer neuen Kohorte von Ameisen – und zwar nur, wenn die Voraussetzungen für eine derartige Expansion günstig sind. Der Himmel über den Erdverhafteten ist nicht mehr der der »ausgedehnten Sache« der Vergangenheit, vielmehr eine aktiv an Ort und Stelle gehaltene *Membrane*, die fähig bleiben muss, ein Innen und ein Außen herzustellen. Die *Endlichkeit* hat für den Balken und den Ameisenhaufen nicht dieselbe Bedeutung.

Das Thema ist uns Eingeschlossenen inzwischen leider vertraut, da wir es tagtäglich am eigenen Leib erfahren, wenn uns, wie gestern noch, verkündet wird, dass die letzten zehn Jahre die heißesten seit Beginn der Klimamessungen waren. Selbst da spüren die Erdverhafteten nur allzu schmerzhaft, dass die Differenz zwischen Supra- und Sublunarem, von der sie sich seit Galilei »befreit« fühlten, tatsächlich wieder da ist. Wir begreifen durchaus, dass die Temperatur innerhalb der klimatisierten Blase, in der wir hausen, von unserem eigenen Handeln abhängt. Darin besteht der wirkliche Lockdown, in diesem Schicksal, das wir kollektiv gewählt haben – ohne uns Gedanken darüber zu machen.

Wenn wir in unserer Verzweiflung über die ständig wiederkehrende Dürre ausrufen: »Wie sollen wir dem bloß entkommen?«, lautet die Antwort: *Wir entkommen dem nicht*, es sei denn, wir schultern bereitwillig, wie Atlas, diese Temperatur, diese Atmosphäre, diese wild wuchernden Mitbewohner, die uns früher als bloße »Umwelt« erschienen, um die wir uns nicht zu kümmern brauchten und »in der« wir nur wie ein Balken »unseren Sitz hatten«. Das ist das Insekt-Werden. Das ist die Verwandlung. Das ist unsere neue Freiheit, sind wir einmal befreit von der alten, der vor dem Lockdown. Dir ist völlig klar, dass es kein unendliches Außen mehr gibt, und wenn du dir jetzt den Himmel anschaust, siehst du eine Aufgabe, die dringend zu erledigen ist und die du doch *unaufhörlich auf morgen verschiebst* (was erklärt, warum dich das Schauspiel des Mondes heute dermaßen besänftigt ...). Mögt ihr euch noch so sehr sträuben, ihr wisst doch nur zu gut, dass ihr die Last schultern müsst, die die von der unheilvollen Ayn Rand ausgedachten Unternehmer abzutun vorgaben – ohne euch davon erdrücken zu lassen.

Für die Gläubigen – aber es geht eben gar nicht mehr um »glauben« – beruht jetzt alles auf der Fähigkeit, dieselbe Welt, die nicht mehr im modernen Sinne wirklich »materiell« ist, *anders zu (er)leben.* Auf einmal sind sie befreit vom »Spirituellen« und von der Verpflichtung, mit gen Himmel gerichteten Augen die Welt zu fliehen. Diese Chance greift Papst Franziskus für sie auf: Befreit von einem Heil, das eher ein Schlupfwinkel war, sind sie nun gehalten, den Wert, den die Religionen etwas naiv und zunehmend in trügerischer Weise »in der Höhe« im Gegensatz zu »hienieden« dargestellt hatten, mit anderen Figuren zu veranschaulichen, die sich zwar am selben Gegensatz abarbeiten sollen, der nun aber in anderen Bildern, anderen Ritualen, anderen Gebeten Ausdruck fände. Nicht mehr Oben und Unten, nicht mehr Spirituelles und Materielles, sondern die Spannung zwischen dem Leben auf Erden und dem Leben mit ERDE? Derselbe Anspruch auf Finalität und Absolutes, doch erzählt mit völlig anderen Formen? Was endlich erlaubt, in Furcht und Zittern zu begreifen, was in den Figuren der Vergangenheit verborgen war. Viele versuchen sich daran. Sie brauchen dazu Vorsicht und Fingerspitzengefühl, aber die Hoffnung darauf ist unbedingt nötig, da bei der Denkfigur der Menschwerdung die der Landung mitschwingt; oder, da das griechische Wort für »Grenze« *eschaton* lautet, folglich auch andere Figuren der Eschatologie, das heißt des *Endes*, der *Zweckbestimmtheit* wie der *Endlichkeit* der Welt auszudenken sind. »Du sendest deinen Geist aus: Sie werden erschaffen, und du erneuerst das Angesicht der Erde«, heißt es in Psalm 104,30. Worin könnte wohl der Sinn des GEISTES bestehen, gäbe es die ERDE nicht?

Ich habe gelernt, dass man sich vor der toxischen Macht der Religionen besser schützt, indem man auf deren ursprünglichen Wert zurückgeht, als indem man sie säkularisiert, denn das läuft immer darauf hinaus, Buchstabe und Geist zu verwechseln, den Faden zu verlieren, der die Werte mit den vorläufigen Figuren, in denen sie zum Ausdruck kommen, verbindet. Wenn die Heilsreligionen nicht ihrem Schicksal überlassen werden dürfen, dann deshalb, weil die Erdverhafteten mit einer extremen Version der religiösen und der säkularen Religion konfrontiert sind, in der »Gott« und »Dollar«, »God« und »Mammon«, in einem expliziten Projekt der Weltflucht verschmolzen werden, einem Projekt, das es für zulässig erklärt, die größtmögliche Menge an Ressourcen zu vernichten und dabei die größtmögliche Menge an Überzähligen, *left-behind*, sich selbst zu überlassen. Das Ende der Welt – das Ende ihrer Welt – droht unter ihren Händen eine schreckenerregende Wendung zu nehmen. Die Wut darüber, den Notausgang des Paradieses auf Erden entschwinden zu sehen, kann Bewegungen, die alles anstellen werden, um dem Lockdown zu entgehen, höchst gefährlich machen. So unheilvoll die Leugnung des Klimawandels auch wirkt: Bald wird sie als geschickte und nahezu harmlose Version der Leidenschaften erscheinen, die sich zu entfesseln drohen, wenn die säkularisierten Religionen der Weltflucht abgeschafft werden müssen.

7. Die Ökonomie wieder an die Oberfläche gelangen lassen

Kafka hat es uns erzählt: Der zum Insekt gewordene Gregor hatte seinen Zug gerade einmal um zwei Stunden versäumt, da ließ der über die Faulheit seines Angestellten empörte Chef schon seinen Prokuristen an der Wohnungstür der Samsas Sturm läuten. Die von der Pandemie Eingesperrten haben Vergleichbares erlebt, aber in gigantischem Maßstab: Nach einigen Wochen stand das, was bisher »die Ökonomie« genannt und mit dem verwechselt worden war, was gewöhnliche Menschen »ihre Welt« nannten, mit einem Schlag still, war suspendiert, außer Kraft gesetzt. Jeder spürte, dass dieser »Stillstand der Welt« den Anspruch der Ökonomie, das Handeln aller Menschen unwiderruflich zu bestimmen, in Frage stellte und dass sie selbst, diese märchenhafte Ausweitung bestimmter Rechenoperationen, nicht mehr verwechselt werden durfte mit den wissenschaftlichen Disziplinen Betriebs- und Volkswirtschaft, die von oft durchaus achtbaren Kalkulatoren betrieben werden. Mit seinen untätigen Händen ging es jedem Bewohner des Planeten wie Gregor mit seinen hinderlichen Beinchen: Was damit anstellen? Allerorten fand etwas wie eine radikale Umwertung der Werte statt: Das Obere geriet nach unten, das Untere nach oben.

Eine Revolution, wenn man so will, aber sehr eigentümlicher Art. Als stiege die Ökonomie, die doch bisher als das unbestreitbare Fundament der Existenz galt, *nach oben* wie ein Träger aus Holz, den man künstlich am Boden eines Gewässers festgehalten und nun plötzlich losgelassen hat. Ganz von selbst zeigte sich die hochberühmte »Basis« des modernen Lebens als *oberflächlich*; und parallel dazu glitt unvermerkt und unverhofft in die Tiefe, was kluge Geister bisher für einen völlig vernachlässigbaren »Überbau« gehalten hatten: die *Erzeugungssorgen* und die Fragen des *Fortbestands*. Im Verlauf weniger Monate hörte die Ökonomie auf, der »unüberschreitbare Horizont unserer Zeit« zu sein.

Daher das Getöse, das die aufgebrachten Prokuristen an allen Türen aller Eingeschlossenen veranstalteten, auf dass sie »die Arbeit wieder aufnehmen« und »den Aufschwung beschleunigen«. Aber in dem anschließenden Chaos und sogar angesichts der weltumspannenden Krise, die sich vor unseren Augen abspielt, ist zu spüren, dass sie nicht mehr ganz bei der Sache sind und dass alle Prokuristen den Massen nicht mehr ausreden können, was einen Augenblick lang mit Händen zu greifen war: wie oberflächlich diese Sicht der Dinge ist. Diesmal geht es nicht mehr nur darum, das »Wirtschaftssystem« zu verbessern, zu verändern, grün anzustreichen oder zu revolutionieren, sondern darum, ganz und gar *auf die Ökonomie zu verzichten*. Paradoxerweise – und das freut die Erdverhafteten noch immer – bewirkte ausgerechnet die Episode der Pandemie, dass der Geist der Eingeschlossenen *befreit* und ihnen einen Augenblick lang erlaubt wurde, der langen Haft im »stählernen Gehäuse« der »ökonomischen Gesetze« zu entrinnen, in dem sie geschmachtet hatten. Wenn man sich je von schlechter Emanzipation emanzipiert hat, dann in diesem Fall.

Von Michel Callon habe ich gelernt, dass der Glaube an die Selbstverständlichkeit des ökonomischen Beziehungsmodus sich nur ausbreiten kann, wenn Lebensformen in eine Welt übertragen werden, in der sie nicht zu Hause waren. Dabei ist wieder einmal der Unterschied zwischen dem Leben »im Präsenzmodus« und dem Zugang »online« im Spiel. Das Seltsame an der Ökonomie ist nämlich, dass sie sich zwar mit den gewöhnlichsten, wichtigsten, unseren täglichen Sorgen aufs Engste verbundenen Dingen abgibt, diese aber hartnäckig so behandelt, als seien sie denkbar weit entfernt und spielten sich *ohne uns* ab, so, als würden sie vom Sirius aus und völlig interesselos erfasst – manchmal benutzt man dafür das Adjektiv »wissenschaftlich«. Das funktioniert jenseits des Limes, aber nicht diesseits. Seit Langem ist bekannt, dass der Homo oeconomicus nichts Urwüchsiges, Natürliches oder Autochthones hat. Er kommt buchstäblich von oben, *top down*, und geht in keiner Weise von der gewöhnlichen, praktischen Erfahrung aus, *from the ground up*, von den Beziehungen, die Lebensformen mit anderen Lebensformen unterhalten. Die Ökonomie erscheint nur dann als ein Hebel, wenn man akzeptiert, dass der

Bewegungsmodus von Dingen importiert wird, um dadurch den Erzeugungsmodus der Erdverhafteten zu vereinfachen.

Damit die Ökonomie sich ausbreitet und als Fundament aller möglichen Existenz auf Erden in der Tiefe fixiert wird, muss eine enorme Arbeit an der Herstellung entsprechender Infrastrukturen deren Evidenz gegen den beharrlichen Widerstand durchsetzen, dem eine derart gewaltsame Kolonisierung schon bei der gewöhnlichsten Erfahrung begegnet. Die Ökonomie bringt es vielleicht zu »Tiefenwirksamkeit«, aber so, wie es gewaltige Betonpfeiler tun, die mit riesigen hydraulischen Widdern in den Boden gerammt werden müssen, um als Fundament dienen zu können. Donald MacKenzie hat sich unablässig mit dieser Frage beschäftigt: Ohne Wirtschaftshochschulen, Finanzbuchhalter, Juristen, Excel-Tabellen, ohne die ständige Arbeit der Staaten an der Verteilung der Aufgaben zwischen dem öffentlichen und dem privaten Bereich, ohne die Romane von Frau Rand, ohne die ständige Zurichtung durch die Erfindung neuer Algorithmen, ohne die Formatierung von Eigentumsrechten, ohne die ständige Mahnung der Medien hätte niemand »Individuen« erfunden, die zu einem Egoismus in der Lage sind, der so radikal, dauerhaft und konsequent ist, dass sie »einander nichts schuldig« zu sein glauben, alle anderen als »Fremde« und alle Lebensformen als »Ressourcen« erachten. Hinter der Selbstverständlichkeit einer originären, naturwüchsigen Ökonomie stecken, um mit Callon zu sprechen, drei Jahrhunderte der Ökonomisierung. Es versteht sich, dass diese Fundierung äußerste Gewalt erfordert und schon die geringste Unterbrechung des gewaltigen Abstützungsunternehmens sofort wie eine Offenbarung wirkt: »Aber warum sollten wir eigentlich nicht von da ausgehen, wo wir wohnen?« Was die Prokuristen so entsetzt, ist, dass die Erdverhafteten einfach heimgehen und zu ihrer gewöhnlichen Erfahrung zurückkehren, wenn sie aus der Ökonomie ausscheiden. Man hätte uns nicht drei Monate lang im Ungewissen lassen und anschließend in eine globale Krise stürzen dürfen, die immer weiter um sich greift.

Durch den Lockdown von jener interplanetarischen Translokation befreit, entdecken die Erdverhafteten ihr Recht, von Neuem wahrzunehmen, dass die Erzeugungssorgen die Handlungsabläufe unablässig komplexer machen. Wir alle entdecken wieder, dass jede Wirkmacht, auf die wir zählten, einen Hiatus hinzufügt, zu einem Umweg zwingt, eine Berechnung kompliziert, eine Debatte anstößt, einen Skrupel auslöst, eine Erfindung erforderlich macht, zu einer neuen Verteilung der Werte zwingt. Und dass es gerade solche Sorgen sind, mit denen wir uns befassen müssen. Die Frage ist nicht, ob die »Welt von morgen« die »Welt von heute« ersetzen wird, sondern ob die Welt der Oberfläche ihren Platz nicht endlich an die der normalen Tiefe abtreten könnte.

Wie verhindern wir den Verlust dieser Tiefe, an der die Eingeschlossenen Geschmack gefunden haben? Diese Frage ist deshalb so wichtig, weil wir alle zurzeit wie Gefangene sind, die auf Bewährung freigelassen wurden und riskieren, wieder in ihre Zellen zurückmarschieren zu müssen, wenn sie noch einmal Dummheiten begehen. Wie wir vermeiden können, rückfällig zu werden, habe ich bei Dusan Kazic gelernt. Die Lösung besteht darin, *niemals zu akzeptieren*, dass irgendein Thema »eine ökonomische Dimension« habe! Das läuft nämlich immer darauf hinaus zu suggerieren, es gebe einerseits eine tiefe, wesentliche, vitale Wirklichkeit – die ökonomische – und man könnte andererseits, wenn man Zeit dazu hat, trotzdem auch »andere Dimensionen« in Betracht ziehen: soziale, moralische, politische und sogar – warum nicht, wenn etwas übrig bleibt – eine »ökologische« Dimension ... So zu denken heißt, dem Wahnbild der Ökonomie eine materielle Evidenz zu verleihen, die sie nicht hat, und einer von oben wirkenden Macht in die Hände zu spielen. Die Ökonomie ist gleichsam ein Schleier, der über Praktiken geworfen wird, um alle Brüche in den Handlungsabläufen zu kaschieren. Auch sie verschleiert gern, wie die NATUR ...

Kazic hat sich vorgenommen, auf die Beschwörung einer »wirtschaftlichen Dimension« stets mit einer Frage zu reagieren: »Warum haben Sie beschlossen, Ihre Erzeugungssorgen zu lösen, indem Sie die Lebensformen *auf diese Weise einteilen*?« Wenn der Bauernverband FNSEA das Landwirtschaftsministerium bestürmt, die bienenvernichtenden Pestizide wieder zuzulassen, damit »die französische Zuckerrübenbranche gerettet wird«, liegt dem keine *a priori* wirksame

»ökonomische Dimension« im Sinne eines nüchternen Interessenkalküls zugrunde, das automatisch vierzigtausend Arbeitsplätze und soundso viele Milliarden Euro zu retten in der Lage wäre. Vielmehr geht dem eine *Aufteilung* von Lebensformen voraus, von denen jede hinterfragt zu werden verdient: Warum diese Branche retten, warum Zuckerrüben anbauen, warum überhaupt Zucker, warum gerade diese Arbeitsplätze, warum die Subventionen der Gemeinsamen Agrarpolitik, warum sollen die Imker und der Klatschmohn die Zeche zahlen, warum soll der Staat sein Verbot von Neonicotinoiden zurücknehmen, welche Rolle spielt die Grüne Blattlaus im Vergleich mit der Dürre usw.? Wenn es eine Versuchung gibt, der man keinesfalls nachgeben darf, so ist es die, *alle Hiatus zu überspielen* und sie durch ein Kalkül zu ersetzen, das die Diskussion beenden würde, das aber *woanders, von anderen* und vor allem *für andere* angestellt wird, die sehr weit entfernt sind. Das heißt nicht, dass man den Rübenzucker verabscheut oder die Rübenbauern verhungern lassen muss, und vielleicht stellt sich letzten Endes sogar heraus, dass die Genehmigung des besagten Insektizids als Notlösung vorzuziehen ist – aber es bedeutet, dass nichts in diesem Komplex aus Diskussionen, Verhandlungen und Bewertungen *mangels Alternative auf die Ökonomie zu reduzieren* ist, also auf die oberflächlichen Aspekte der Angelegenheit. Zwangsläufig ist in dieser Situation *Grundlegenderes* zu berücksichtigen. Diesseits des Limes geht nichts glatt auf. Jedes Mal muss man sich Mühe geben, den Schleier zu lüften.

Das läuft nicht darauf hinaus zu flehen, doch bitte andere, »höhere«, »menschlichere«, »moralischere«, »sozialere« Anliegen über die Ökonomie zu stellen, im Gegenteil: darauf, klarzumachen, dass es an der Zeit wäre, *tiefer hinab* zu steigen und realistischer, pragmatischer, materialistischer zu werden. Wir leben nicht in der NATUR, die die Ökonomen erfunden haben, um dort ihren Berechnungen freien Lauf zu lassen. Empört man sich zu Recht darüber, dass die Religionen die »spirituelle Welt« erfunden haben, um dort ihren heiligen Figuren Auslauf zu verschaffen, dann sollte doch noch mehr Befremden auslösen, dass man eine »ideale materielle Welt« erfunden hat, bloß um in ihr bequem Algorithmen zu verrücken – nicht unähnlich jenen Eisenbahnern im Ruhestand, die am Modellbau einen Narren gefressen haben und in ihren Clubs Miniaturzüge herumfahren lassen, ohne jedoch irgendeinen Fahrgast zu befördern. Die Ökonomen haben natürlich Recht, wenn sie ihre Werkzeuge vervielfachen, um Debatten zu *eröffnen*, aber keins von ihnen kann den Anspruch erheben, sie zu *schließen*. Dusan bemerkt zu Recht, dass es nicht darum geht, eine neue Kritik der politischen Ökonomie zu schreiben, sondern darum, sie als Beschreibung der Beziehungen, die die Lebensformen untereinander unterhalten, gänzlich *aufzugeben*. Wenn die Ökonomie verhext, muss man lernen, sie auszutreiben.

Die Sache erscheint einfacher, wenn man sich klarmacht, dass die Fähigkeit der Ökonomie, die Rolle der Basis zu spielen, von der Parallele abhängt, die sehr früh zum Funktionieren der »Natur und ihrer Gesetze« gezogen wurde. Diese Parallele brachte nämlich die Idee hervor, die Gesetze der Ökonomie denen der »NATUR« gleichzusetzen und sie diese erstaunliche Rolle einer Basis spielen zu lassen. Wenn es eine Falle gibt, in die wir Erdverhafteten sicher nicht gehen werden, so ist es der Glaube, jene »NATUR« bezeichne einen Bereich, den es auf ERDEN gibt! An diesem Punkt greift Gaias Vordringen am stärksten in alle unsere Denkgewohnheiten ein. Vergebens wird man die Wölfe anführen (die, wie jeder weiß, nur für den Menschen Wölfe sind), die Bienen (die durch ihren legendären Egoismus zum Gemeinwohl beitragen), die Organe (die sich füreinander aufopfern), die Ameisen (immer fleißig bei der Arbeit), die Schafe (diese Herdentiere), die Viren (die vernichtet werden müssen), die Kakerlaken (der Schrecken der Familie Samsa) und natürlich die Termiten, Kälber, Adler und Schweine: Niemals wird man die Erdverhafteten glauben machen, diese imaginären Verhaltensweisen könnten ihnen als Modelle für die Herstellung von Beziehungen mit denen dienen, von denen sie abhängen. Und zwar aus dem einfachen Grund, dass diese Einheiten nicht autotroph sind, dass ihre Tätigkeiten unablässig so sehr überschwappen, sabbern, sich überlappen, mit anderen vermischen, dass keinerlei präzise Interessenkalkulation zustande kommen kann.

Kein lebendes Wesen kommt als Emblem für das kalkulierende Individuum in Frage, das ERDE nirgendwo beherbergt. Allesamt sind sie, wenn man so will, egoistisch und interessegeleitet, da sie es alle auf ihren

Fortbestand abgesehen haben, aber keines von ihnen ist in derart klare Grenzen gefasst, dass es seine Interessen kalkulieren kann, *ohne sich zu täuschen*. Wenn man sich zur Legitimation des »stählernen Gehäuses« der Ökonomie, in das man die Menschen einpfercht, wirklich auf irdische Akteure berufen will, dann muss man darauf gefasst sein, dass dieses Gehäuse von Fehlerquellen nur so wimmelt und Gründe für Wirrwarr auf Gründe für Wirrwarr häuft, kurz, man muss mit zahllosen Komplikationen rechnen. Niemals hat die Berufung auf lebende Wesen ermöglicht, eine Situation zu vereinfachen. In diesem Punkt ist die »Berufung auf die NATUR« denkbar weit davon entfernt, Gaia einzubinden. Die Erfahrung des Lockdowns annehmen heißt, sich endlich von den Grenzen unbestreitbarer Individualität befreit zu finden. Vielleicht wären die Gene ja gern egoistisch – aber wo sind die Konturen eines Ego, an die sie sich halten könnten?

Man hat zwar durchaus versucht, gewaltsam eine Parallele zwischen der NATUR und der Erfahrung des Lebens auf der Erde zu ziehen, aber dazu musste nochmals eine religiöse Idee säkularisiert werden: die einer von der SCHÖPFUNG vorbestimmten Ordnung. Die Vorstellung von einer berechenbaren und kohärenten natürlichen Auslese hat einigen ermöglicht, den religiösen Begriff »Naturordnung« beizubehalten und jedem Lebewesen genau die Stelle zuzuweisen, an der es seinem wohlberechneten Interesse gemäß am Platz ist. Nur dank der Erfindung einer Auffassung von NATUR, nach der es den »Tieren« vorherbestimmt ist, einander im Dschungel des Lebens unerbittlich zu bekämpfen, konnte man die Menschen »für Tiere« halten. Bloß hatten diese »Tiere« nun einmal eine Menge anderer Sorgen – und der Dschungel auch! Was man »Sozialdarwinismus« nennt, hatte wohl zum Ziel, die Entdeckungen der Naturforscher in das sublime Gefüge der »Naturwirtschaft« einzugliedern, aber das blieb im Grunde eine religiöse und keineswegs irdische Vorstellung. Wenn die armen Menschen trotz all ihrer Rechenmaschinen schon so viel Mühe haben, ihre Interessen egoistisch zu berechnen, dann kann man sich vorstellen, wie es um die Bakterien, die Flechten, die Bäume, die Wale oder die Azaleen stehen mag. Holobionten haben keine Kontoauszüge.

Einige Evolutionstheoretiker haben seither gezeigt, dass Lebewesen, die perfekt kalkulieren, nie hätten überleben können. Was nicht bedeutet, dass man von der Konkurrenz zur Kooperation umschwenken muss, sondern bloß, dass es letztlich Berechnungsfehler sind, die, per Zufall und ohne dass irgendeine Vorsehung eingreift, Wohnbedingungen schaffen, deren sich in der Folge andere Lebende bemächtigt haben, wie etwa die berühmten Bakterien, die Sauerstoff ausscheiden, unbeabsichtigt anderen Organismen ermöglicht haben, neue Lösungen auszuprobieren – oder wie die Abholzung der Wälder Südchinas dem Covid-19 bekanntlich »großartige Möglichkeiten« eröffnete. Im Verlauf Hunderter von Millionen Jahren könnten solche Rechenfehler schrittweise ermöglichen, sich immer widerstandsfähigere Lebensbedingungen zu verschaffen, die vor der zunehmenden Sonneneinstrahlung, den Eiszeiten, den Meteoriten und den Vulkanen schützen, ohne dass je darauf abgezielt worden war: All dies Räume, Sphären, Membrane, Kuppeln, deren Stabilität von ihren Überlappungen, ihren Verkettungen abhängt. Was voraussetzt, dass eines sorgfältig vermieden wird, nämlich die dauerhafte Ansiedlung gerade dieses außerirdischen Wesens: des ideal egoistischen Individuums, dieses Meteoriten besonderer Art, der die Widerstandskraft jener umfangreichen Bastelarbeit überstrapaziert. Wenn es Prozesse gibt, die nicht zulassen, die Ökonomie zu »fundieren«, so sind sie den Methoden entliehen, mit denen Gaia im Sein ausharrt. Nur Außerirdischen kann die »NATUR« ein unbestreitbares Fundament liefern.

Das ermöglicht immerhin, uns zu orten, sei es auch negativ. Wir Erdverhafteten *haben niemals* das Haus der Ökonomie *bewohnt*. Die Familie Samsa muss sich damit abfinden: Gregor wird seine Stelle als Handelsvertreter nicht wieder antreten, damit der Schornstein raucht. Vergeblich wird Papa Samsa seinen Stock schwingen, vergeblich der Prokurist ihm in Erinnerung rufen, dass er, sei's auch als Kakerlake, aufzustehen hat, um arbeiten zu gehen, wenn er nicht gefeuert werden will – Gregor wird sich weigern zu parieren. Niemals werden wir unsere Beziehungen durch die Hypothese vereinfachen können, dass es deutlich abgegrenzte Individuen gebe, die nebeneinander existierten, *partes extra partes*, autonom und autochthon, und die erklären könnten, sie schuldeten einander nichts, seien sich folglich fremd, gewissermaßen *aliens* – so, als überlappten sie sich nicht, als interferierten sie nicht. Feiern wir die Erfahrung einer Pandemie, die uns mit dem Einhalten des Sicherheitsabstands und der obligaten Maskierung derart sinnfällig realisieren lässt, wie sehr das distinkte Individuum doch eine Illusion war.

Nutzen wir, was der Lockdown offenbart hat. Da wir uns nicht mehr in eine jenseitige Welt zu verfügen haben, können wir die Suche danach wieder aufnehmen, *wo* wir hienieden Unterkunft finden. Was wir auf der einen Seite gewinnen, verlieren wir natürlich auf der anderen, da wir die Beziehungen nicht mehr aus der Ferne berechnen und uns vor ihren Folgen in Sicherheit bringen können. Aber das Spiel wäre diesen Einsatz wert, sofern wir das, was wir nicht mehr berechnen können, gemeinsam und vor allem *aus der Nähe zu beschreiben* lernten.

8. Ein Territorium beschreiben – aber an Ort und Stelle

Während des Lockdowns musste sich jeder zwangsläufig Gedanken darüber machen, was an die Stelle der zeitweise aufgehobenen Ökonomie treten könne. Entsprechend lauteten die Fragen, die wir uns stellten: Warum diese oder jene Tätigkeit fortsetzen; warum keine andere vorschlagen; was wird aus denen, deren Leben von den Aktivitäten abhing, die wir beenden wollen; wie die Unternehmen weiterentwickeln, die wir für förderlich halten, usw. Zumindest diejenigen, die Muße dazu hatten, fühlten sich frei, sich eine andere materielle Grundlage auszudenken. Anfangs war es wie ein Spiel, um diese Pause zu nutzen, dann wurde es immer ernster, als könnten wir verhindern, dass alles wieder anfängt »wie zuvor« – ohne es wirklich zu hoffen.

Seltsamerweise hatten die vom Lockdown Betroffenen bei dem Versuch, sich »die Welt danach« auszumalen, immer mehr das Gefühl, an *einer bestimmten Stelle* zu wohnen und nicht mehr nur *irgendwo*. Tatsächlich hatten sie diesen Fragen des Fortbestands vordem kaum Bedeutung beigemessen, oder sie schienen jedenfalls an anderer Stelle entschieden, durch andere und vor allem für andere. Sie bildeten in unseren Augen eine Art unausweichlicher Notwendigkeit, geisterhafter Evidenz und vermittelten uns so den Eindruck, an keinem bestimmten Ort zu wohnen, was der Passepartout-Begriff »Globalisierung« ganz richtig abdeckte. Doch nach und nach musstet ihr in dem Maße, in dem ihr euch diesen ungewohnten Fragen gestellt und vor allem: in dem ihr realisiert habt, wie schwierig es ist, darauf zu antworten, aus diesem Traum erwachen und euch fragen: »Wo habe ich denn eigentlich *vorher* gewohnt?« Nun, eben in der Ökonomie, das heißt *woanders als bei euch*.

Hingegen habt ihr euch, wann immer ihr Mühe hattet, auf diese Fragen zu antworten, *verortet* gefühlt. Wie durch eine Reihe von Bezugspunkten wart ihr an Ort und Stelle festgenagelt. Dass der Lockdown euch zwang, zu Hause zu bleiben, gewann einen positiven Sinn: Ihr wart eingesperrt, das ja, aber endlich auch irgendwo *verankert*. Etwas noch Sonderbareres: Das Gefühl, immer stärker gezwungen zu sein, euch zu verorten, wurde immer dann lebhafter, wenn ihr diese Fragen zu mehreren diskutiert habt. Der Ausdruck »in einer globalisierten Welt leben« klang plötzlich verdammt alt; er wurde rasch durch eine andere Anweisung ersetzt: »Machen wir den Versuch, uns an einer Stelle zu verorten und sie mit anderen zu beschreiben.« Eine überraschende Wortassoziation: überleben, eine Gruppe bilden, auf einem bestimmten Boden sein, sich beschreiben. Für die ehemaligen Globalisierten war die Überraschung perfekt, als sie aufs Neue die »reaktionäre« Frage auftauchen sahen, nämlich eine Gruppe auf einem Territorium zu bilden, das im Zuge der Beschreibung sichtbar wurde. »Territorium«, dieser Verwaltungsbegriff, gewann für die im Lockdown Lebenden einen existentiellen Sinn. Als ob man es – statt es sich von anderen aus der Ferne, gewissermaßen auf den Kopf gestellt und von oben vorzeichnen zu lassen – für sich, mit seinen Nachbarn, an Ort und Stelle und *von unten* beschreiben könne.

Ein Territorium umgekehrt und von oben beschreiben bedeutet bekanntlich eine Karte konsultieren, einen Punkt an der Schnittstelle von Abszisse und Ordinate festlegen; anschließend an den Schnittstellen Symbole eintragen, die für Orte stehen, die nur durch ihre in Kilometern gemessene Entfernung zu lokalisieren sind. Das Verfahren ist praktisch, wenn es darum geht, vorübergehend einen Ort aufzusuchen, den man nicht im Voraus kennt. Vorausgesetzt natürlich, die Straßenmeisterei hat ihre Aufgaben erfüllt und dafür Sorge getragen, dass die Karte, die der Reisende in Händen hält, mit den Schildern übereinstimmt, die aufgrund einer Messkette an bestimmten Stellen aufgepflanzt wurden – das Ganze unter der Aufsicht von Straßenbauingenieuren und den dezentralisierten staatlichen Dienststellen. Dafür, dass Karte und Schild übereinstimmen, hat ein ordentlich geführter Staat zu sorgen. Dann, und nur dann, gibt die Karte einem Fremden im Voraus brauchbare Auskunft über das Territorium.

Natürlich würden wir nicht von diesen Voraussetzungen ausgehen, wenn wir *unser* Territorium beschreiben, auch wenn wir die vorbeikommenden

Fremden freundlich grüßen und uns hüten, die Theodoliten der Vermesser umzustoßen. Für uns sind die in Kilometern gemessenen Abstände und die trigonometrischen Winkel nur Relationen unter vielen anderen. Diese anderen aber werden nicht durch *Lokalisierung* innerhalb eines Koordinatensystems erreicht, sondern indem wir *Fragen nach der wechselseitigen Abhängigkeit beantworten*: Wovon hängt mein Lebensunterhalt ab; welche Gefahren drohen dem, was mir zu leben erlaubt; wie sehr kann ich denen trauen, die mir diese Gefahren ankündigen; wie kann ich mich gegen diese Gefahren schützen; wo kann ich Hilfe finden, wenn ich in der Klemme sitze; welche Gegenspieler muss ich in Schranken halten? Auch diese Fragen entwerfen ein Territorium, aber dieser Entwurf deckt sich nicht mit der vorhergehenden Art und Weise, sich zu orten. Lokalisiert sein und *sich verorten* ist nicht dasselbe. In beiden Fällen wird zwar durchaus das gemessen, *was zählt*, aber nicht auf dieselbe Weise. Gregor und seine Eltern wissen das aus eigener bitterer Erfahrung.

Von oben betrachtet, wird zum Territorium all das, was mittels Strichen auf einer Karte lokalisiert werden kann, wohingegen an Ort und Stelle betrachtet sich ein Territorium *so weit* erstreckt, wie die Liste der Interaktionen mit denen reicht, von denen man abhängt – aber auch nicht weiter. »Denn wo dein Schatz ist, da ist auch dein Herz« (Mt. 6,21). Ist die erste Definition kartografischen und meistens auch verwaltungstechnischen oder juristischen Charakters – »Sagt mir, *wer* ihr seid, und ich sage euch, was euer Territorium ist« –,

ist die zweite stärker ethologisch: »Sagt mir, wovon ihr lebt, und ich sage euch, bis wohin sich euer Lebensbereich erstreckt.« Die erste erfordert einen Personalausweis, also eine behördliche Bestätigung der Identität, die zweite dagegen eine Liste der *Zugehörigkeiten*. Projiziert das Territorium eines Zugvogels auf eine Weltkarte, und ihr werdet, wie Vinciane Despret so schön gezeigt hat, dennoch nicht viel von dem begreifen, was ihn zum Singen bringt. Alles ändert sich, sobald ihr wisst, womit er sich ernährt, warum er jeweils vom Brutgebiet zum Winterquartier und zurück fliegt, auf wie viel andere Lebewesen er sich dabei verlassen und welchen Gefahren er während seines Flugs trotzen muss. Sein Lebensgebiet geht an allen Ecken und Enden über die bloße kartografische Projektion hinaus.

Einerseits wird ein Ort identifiziert, indem er an der Schnittstelle von Koordinaten durch die Verschiebungen einer Art Messkette lokalisiert wird, andererseits lernen wir, *Zugehörigkeiten* zu Wesen aufzulisten, um die wir uns kümmern müssen. Im falsch verzeichneten Territorium wird der Zugang für Fremde begünstigt, die lediglich einen ihnen gleichgültigen Raum durchqueren; im richtigen Territorium geraten wir in engen Kontakt mit *Abhängigen*, die sich in immer größerer Zahl zwischen uns und unsere Erzeugungssorgen einschalten. Im falschen Territorium zählen gemessene Abstände, aber zugleich ist man völlig frei, hier oder dort haltzumachen; nichts hindert daran, nach Belieben eine andere Karte zu nehmen oder wie anhand eines GPS *ad infinitum* im Kreis herumzufahren. Wohingegen im an Ort und Stelle beschriebenen Territorium für euch in erster Linie nicht die Abstände zählen, da die Wesen, die in eure Beschreibung eingehen, auf der Karte fern oder nah sein können.

Diesen Prozess könnt ihr jedoch nicht unbegrenzt ausdehnen, und zwar aus dem guten Grund, dass die schwierig zu erstellende Liste der Wesen immer begrenzt ist und jedes Mal eine Art Erhebung, den Beginn einer Konfrontation, jedenfalls heikle Begegnungen erfordert. Ihr könnt sie nicht willkürlich verlängern oder abkürzen: Wenn ihr Mühe hattet, diese Lebensformen zu registrieren, dann deshalb, weil sie in die Beschreibung eingreifen und euch *verpflichten*, sie zu berücksichtigen. Natürlich könnt ihr die Liste verlängern, aber dann müsst ihr die Beschreibung wieder aufgreifen und euch noch *stärker* auf die Konfrontation mit denen einlassen, die ihr aufgelistet habt – was in dem Maß, in dem die Erkundung sich vertieft, zwangsläufig zur Steigerung der Spannungen führt. Isabelle Stengers nennt das *Obligationen*, *Verpflichtungen*: Je genauer eure Beschreibung wird, umso stärker verpflichtet sie euch. Landen meint nicht lokal werden – im Sinne der üblichen Messverfahren –, sondern fähig, den Wesen, von denen wir abhängen, zu begegnen, so *fern* sie, in Kilometern gemessen, auch sein mögen.

Darum ist das Adjektiv »lokal« so missverständlich. Nur wenn ihr eine Situation falsch vermesst, definiert ihr sie als »lokal« und versteht darunter, dass sie im Vergleich zu einer anderen, quantitativ größeren »klein« ist. Die Karte kennt nämlich nur gleitende

Maßstäbe, was ermöglicht, heranzuholen oder wegzurücken, zu »zoomen«. An Ort und Stelle jedoch heißt »lokal« das, *was gemeinsam diskutiert und argumentativ belegt wird.* »Nah« bedeutet dann nicht »nur einige Kilometer entfernt«, sondern »was mich *unmittelbar* angreift oder am Leben erhält«. Es ist ein Maß für *Engagement* und *Intensität.* »Fern« bedeutet nicht »in Kilometern entfernt«, sondern das, worum ihr euch nicht sofort sorgen müsst, weil es auf die Dinge, von denen ihr abhängt, keine *Auswirkung* hat. Folglich ist das, was ihr in der Beschreibung zusammenstellt, weder lokal noch global, sondern nach einem anderen Verknüpfungsverhältnis *zusammengesetzt* aus Wesen, denen man sich nacheinander stellen muss, und sei es um den Preis vielfältiger Polemiken.

Aus diesem Grund vermitteln eine Weltkarte oder ein Globus übrigens auch kein Bild von Gaia, denn sie ist nicht »groß« oder »global« im herkömmlichen Sinn, sondern dicht verwoben. Manchmal können die beiden Bedeutungen von »lokal« oder »global« zur Deckung kommen, aber das ist eher unwahrscheinlich. In unseren Tagen deckt sich die Welt, *in der man lebt*, nur selten mit der Welt, *von der man lebt*. Seit Langem schon hausen die Bewohner der Industriegesellschaften nicht mehr inmitten pastoraler Landschaften, wie der schlummernde Boas: »Es ruhte Kanaan, es schwieg das Kidrontal …«[9]

9 Verszeile aus Victor Hugos »Booz endormi«; dt. »Der Schlaf des Boas«, übersetzt von Hanno Helbling, in: *Französische Dichtung*,

Sobald ihr ein Territorium an Ort und Stelle beschreibt, begreift ihr hautnah, warum die Ökonomie nicht realistisch und materialistisch sein konnte. War sie doch dafür gemacht, die Schocks, Spannungen, Kontroversen zu verschleiern, denen eure Beschreibung hingegen nicht mehr auszuweichen sucht. Partei für die Ökonomie ergreifen heißt die Wiederaufnahme der Interaktionen durch die Erfindung von Wesen unterbrechen, die unter dem Vorwand, sie seien autonome Individuen, deren Grenzen durch ein Alleinrecht auf Eigentum geschützt sind, angeblich niemandem Rechenschaft schulden. Ein Recht, das nur für autotrophe Lebewesen gilt, die keine Abfälle hinter sich lassen. Da solche Lebewesen nicht »auf ERDEN« existieren, machte die von Covid-19 erzwungene Pause die unglücklichen Ökonomisierten so abgrundtief ratlos. Sie mussten erkennen, dass es den vom Eigentumsrecht gesetzten Grenzen lediglich gelungen war, Situationen einzufrieren, die sich jedoch bis zur Weißglut erhitzen würden, sobald man die Beschreibung zu mehreren weiterführen würde.

Zum Beispiel strapaziert mein Nachbar, ein großer Mais-Liebhaber – oder genauer, ein großer Nutznießer der von der europäischen Agrarpolitik für bewässerten Mais ausgeschütteten Subventionen –, den Körper meiner Enkelkinder mit seinen Herbiziden. Wenn ich zu

Bd. 2: *Von Corneille bis Gérard de Nerval*, herausgegeben von Hanno Helbling und Federico Hindermann, München: Beck, S. 287; Anm. d. Ü.

ihm gehe und sage, er möge mein Eigentumsrecht respektieren und die Herbizide *bei sich* behalten, in den Grenzen seiner Felder, wird er mir, mehr oder weniger höflich, erwidern, dass er »den Planeten ernähre« und »mir keine *Rechenschaft* schuldig« sei. Wenn ich ihm darauf antworte, dass ich ebenso das Recht habe, nicht von seinen Pestiziden überfallen zu werden und meinen Rasen nicht durch seine herumlaufenden Schafe abweiden zu lassen, wie er oder seine Kinder das Recht haben, nicht von meinem Hund gebissen zu werden, wird er vermutlich kontern, dass man schließlich auf dem Land sei und *niemand seine Tätigkeiten ausüben könne*, ohne anderen *in die Quere zu kommen*. Entgegen dem doch höchst bukolischen Sprichwort »Bleib daheim bei deiner Kuh, willst du haben Fried und Ruh« wird er lauthals beteuern, dass er nichts abschotten könne: Das Kikeriki des Hahns dringt weit über das Dorf hinaus, wie auch die Pestizide, die Kirchenglocken, der Hund, die Ochsen und die von Perrette[10] – sicher im Verlauf einer soundsovielten Demonstration gegen die Regierung – ausgeschüttete Milch ... und das eben heiße, auf dem Land zu leben.

»Ah, sehr schön«, werde ich ihm erwidern, »*Sie geben also selbst zu*, wir alle leben zusammen auf einem Territorium, ›*wo alles uns angeht*‹, da alle We-

10 Anspielung auf Jean de la Fontaines Fabel »La laitière et le pot au lait«; dt. »Das Milchweib und der Milchtopf«, in: Jean de la Fontaine, *Sämtliche Fabeln.* Vollständige zweisprachige Ausgabe, übersetzt von Ernst Dohm und Gustav Fabricius, München: Artemis & Winkler, 3. Aufl., 1992, S. 500 ff.; Anm. d. Ü.

sen miteinander interferieren. ›Holobionte aller Länder, vereinigt euch, usw.‹ Aber wenn wir nun einmal so ineinander verknäuelt sind, müssen wir doch auch darüber reden! Wenn wir alle so schwer abzugrenzen sind, dann bilden wir doch etwas *Gemeinsames*. Können Sie mir also bitte Ort, Zeitpunkt, Tag, Institution, Formel, Verfahren nennen, wo wir über derartige Überlagerungen diskutieren, Beeinträchtigungen begrenzen oder ein für alle günstigeres Zusammenleben ermöglichen können?« Wahrscheinlich wird er vor Ärger hochrot anlaufen oder mich zu zertreten suchen, als wäre ich ein zweiter Gregor.

Ungeachtet dessen gestattet mir seine Weigerung, genauer abzuwägen, was die Ökonomie macht, wenn sie eine Situation verschleiert. Sie ersetzt eine widerspruchsvolle und kollektive Beschreibung, die hätte stattfinden können, wenn die Protagonisten dieses erfundenen Dialogs ein *einen bestimmten Boden bewohnendes* Volk gewesen, wir also in der Lage gewesen wären, die Überlagerung dieser Lebensformen gemeinsam zu bedenken. Die Beschreibung der wechselseitigen Abhängigkeiten zwingt dazu, bei jedem Punkt der Liste die Diskussion, die die Ökonomie beenden wollte, wieder zu eröffnen.

Wenn Überlappung und Beeinträchtigung vorliegen, muss es so etwas wie ein öffentliches Problem geben, mithin eine Art Institution, die die Frage der Verteilung der unauflöslich miteinander verschränkten Lebensformen aufzugreifen vermag. Die Ökonomie entvölkert buchstäblich und entfremdet vom Boden. Der

Lockdown hat die Möglichkeit eröffnet, die wieder zu *bevölkern* und zu *verorten*, die es akzeptieren, daran gemessen zu werden, ob sie die Wohnbedingungen der von ihnen Abhängigen aufrechterhalten oder im Gegenteil zerstören können. Die Erdverhafteten sind aufgefordert, mit »Ökologie« nicht eine Domäne, eine neue Aufmerksamkeit für »Grünes« im weitesten Sinne zu bezeichnen, sondern einfach das, was aus der Ökonomie wird, wenn die Beschreibung *wieder einsetzt.* Wenn die eine sich überall ausbreitet, muss die andere das auch tun. Wenn die eine den Planeten abgekühlt hat, um ihn danach zum Glühen zu bringen, muss die andere die Bindungen wieder aufwärmen, damit er sich endlich wieder abkühlt.

Derartige Institutionen gibt es nicht? Gut, wenigstens wissen wir jetzt, wo *wir stehen*: Die Erdverhafteten haben sich vom Absturz der Ökonomie erholt und richten sich gleichsam in dem verkohlten Gestell eines riesigen Zeppelins ein, um diese Institutionen aufzubauen. Angefangen wird damit, dass jeder wieder mit seinem Nachbarn spricht. Die Beschreibung lokalisiert, bevölkert wieder, aber sie vermittelt auch wieder, und das ist das Überraschendste, Lust zu handeln. Es beginnt der Übergang von der zugegebenermaßen ziemlich enttäuschenden »Mutation« zur verheißungsvolleren »Verwandlung«. Ja, es stimmt, wir ersticken hinter unseren Masken, aber wir werden möglicherweise endlich eine »andere Gestalt« annehmen.

9. Das Auftauen der Landschaft

Dieser Gestaltwandel beruht auf einer sehr einfachen Feststellung: Wir Menschen sind niemals jenen »leblosen Dingen« begegnet, aus denen sich angeblich die »materielle« Welt zusammensetzt. Das versteht sich von selbst, wenn ihr in der Stadt wohnt, denn jeder Millimeter des Rahmens, in dem sich euer Leben abspielt, ist von Menschen, von euresgleichen hergestellt worden, aber es gilt ebenso selbstverständlich, wenn ihr auf dem Land wohnt, wo jedes Detail eures Territoriums das Werk eines Lebewesens ist – manchmal eines Wesens, das zeitlich sehr weit von euch entfernt ist. Und dieses Gefühl der Konsistenz der Dinge erweist sich im gesamten Bereich der kritischen Zone als triftig. Die »leblosen Dinge« existieren nur aufgrund eines Gedankenexperiments, das euch imaginär in eine Welt überführt, in der kein Mensch je gelebt hat. Daher die Frage: Modifiziert das Gefühl jener Selbstverständlichkeit heute eure Art zu leben, die Zukunft ins Auge zu fassen, euch im Raum zu orten, zu verstehen, was ihr eure Bewegungsfreiheit nennt?

Zur Untersuchung der Möglichkeit einer solchen Umwandlung wäre ein Dispositiv von Nutzen, das helfen würde, das Territorium, wie es sich von unten zeigt, immer konkreter zu beschreiben. Mit Soheil Hajmirbaba haben wir uns daran versucht, indem wir einen großen Kreis auf den Boden malten, dem wir mit einem Pfeil eine Richtung eingeschrieben haben; die eine Seite wurde mit *Plus*, die anderen mit *Minus* gekennzeichnet. Die Teilnehmenden haben wir gebeten, sich in die Mitte zu stellen: Hinter Ihnen haben Sie rechter Hand das, wovon Sie abhängen, was Sie am Leben erhält; linker Hand das, was Sie bedroht. In dem rechten Viertel vor Ihnen liegt das, was Sie tun werden, um die Lebensbedingungen, die Ihnen zugutekamen, aufrechtzuerhalten oder zu verbessern; in dem linken Viertel vor Ihnen das, was die Situation zu verschlechtern droht, indem es die Existenzbedingungen derer, die von Ihnen abhängen, noch etwas prekärer macht. Das Ganze ist wie ein Kinderspiel, leicht und eher fröhlich. Und doch zittert jeder ein wenig, wenn er sich der Mitte nähert: Dort muss man sich entscheiden, und das ist das Schwierigste, denn man gibt sich zu erkennen; man wird von sich selber sprechen, oder besser: von dem, was einen am Leben erhält.

Das Zentrum des Kessels, in das ich mich ganz vorsichtig stelle, befindet sich genau am Übergangspunkt einer Entwicklungsstrecke – und ich bin nicht gewohnt, mich als *Vektor* einer Strecke zu verstehen –, die von der Vergangenheit, von all dem, was mir beim Existieren, beim Wachsen genutzt hat, auch wenn ich es manchmal gar nicht gemerkt habe, worauf ich aber unbewusst zählte und was vielleicht mit mir, durch

Fotografien: Nicolas Laureau – La Mégisserie,
Saint-Julien, 1. Februar 2020.
Start der Workshops *Où atterrir?* (»Wo sollen wir landen?«)

meine Schuld, aufgrund all dessen, was meine Existenzbedingungen bedroht und was mir auch nicht bewusst war, keine Zukunft mehr hat. Kein Wunder, dass ich aufgeregt bin. Ja, gewiss doch, das ist sehr naiv, grob vereinfachend wie eine Wahl zwischen Gut und Böse. Aber genau das ist es: ein Urteil, das Sie mit den anderen fällen, die Ihnen helfen, hier Himmel und Hölle zu spielen, indem Sie Fragen beantworten über das, was Sie am Leben erhält, dann über das, was Sie bedroht, schließlich über das, was Sie tun oder nicht tun, um dieser Drohung zu begegnen. Nichts ist einfacher, nichts entscheidender als das. Ach so, deswegen also ähnelt das Muster einer Zielscheibe, und in der Mitte stehen Sie, auf der Trennlinie zwischen Vergangenheit und Zukunft. Hier ist der springende Punkt: *Hic est saltus.* Hier *setzen Sie Ihr Leben aufs Spiel*, in jedem Sinn des Wortes.

Denn jedes Mal, wenn Sie eines der Wesen aus Ihrer Liste laut benennen, »spielt« einer aus der Versammlung dessen »Rolle«, und Sie haben diese Figur auf dieser Art Kompass zu platzieren – oder im Verlauf Ihres kurzen Berichts zu verschieben. Das erstaunliche Ergebnis dieser kleinen Aufführung ist, dass Sie bald von einer kleinen Versammlung umgeben sind, die aber zugleich in den Augen der anderen Teilnehmer Ihre ganz persönliche Situation darstellt. Je mehr Ihrer Bindungen Sie auflisten, umso besser sind Sie definiert. Je präziser die Beschreibung wird, umso mehr füllt sich der Schauplatz! Nach und nach verleihen Sie einem jener Holobionten Gestalt, die bisher so schwer vorstellbar schienen. Eine Teilnehmerin hat das so zusammengefasst: »Ich bin wiederbevölkert!«

Wie sollen wir eine solche Mutation kennzeichnen? Indem wir feststellen, dass die Erdverhafteten sich nie mehr einer Landschaft *gegenüber* befinden. Wenn Sie für die anderen und durch sie Ihre wechselseitigen Abhängigkeiten beschreiben, ist es, als stiege der Boden in Ihnen auf und werfe Sie um. Das Territorium ist nicht mehr das, was Sie besetzen, sondern das, was Sie definiert. Jetzt wird verständlich, dass die Verwandlung umgekehrt verläuft: Gregor erscheint fast als »normal«, und als unglaublich falsch die Position seiner Eltern. Sie hielten sich für frei und ihn für gefangen in seinem Mutantenkörper, aber das Gegenteil trifft zu.

Die Kunstgeschichte erforscht das seit Langem: Die Menschen alten Schlags, die modernen Menschen, hatten das Seltsame an sich, dass sie an einer Stelle fixiert, fast in einer Schachtel aufgespießt waren, deren eine Rückwand wie ein Bild wirkte – der White Cube der Museen und der Kunstkritiker. Auf diesem Bild waren alle möglichen Dinge dargestellt, deren Bewegung, deren Entwicklungsbahn man plötzlich *unterbrochen* hatte, damit sie unter dem Blick des Betrachters stillstehen – oder genauer: unter dem Blick desjenigen, der, weil er immer wieder aufgefordert wurde, über die Qualität dieses Bilds zu urteilen, zum Betrachter *wurde*.

Merkwürdig, was sich auf dieser Bühne ereignet! Man fordert einen x-beliebigen Menschen auf stehenzubleiben, dreht ihn um 90 Grad, schließt ihn in eine

Schachtel ein und verlangt von ihm, dass er unbeweglich bleibt, völlig verrenkt, um auf dem vertikalen Bild zu betrachten, welche Form die Dinge angenommen haben. Aber auch diese Wesen sind in ihrem Handeln unterbrochen worden, und auch sie wurden um 90 Grad gedreht. Man fordert sie auf, ihre Existenz nicht fortzuführen, sondern sich dem Blick des Betrachters auszusetzen und sich ihm, wenn man so sagen darf, von ihrer besten Seite zu zeigen. Dem seltsamen Blick des Betrachters ist man mit größter Sorgfalt nachgegangen, aber die ihm auferlegten Verrenkungen sind nichts neben denen, die man den Wirkkräften aufnötigt, wenn man sie zwingt, ihre Entwicklungsbahn zu unterbrechen, um sich anstarren zu lassen.

Sofern man akzeptiert, »perspektivisch« zu malen, verteilen die unterbrochenen Dinge sich hinter der Rückwand gemäß ihrer Größenordnung, um die Illusion eines dreidimensionalen Raums hervorzurufen. Vor der Wand macht sich der zum Betrachter Berufene daran, die Qualität des Bildes zu beurteilen, wobei er nach Belieben ausmacht, was ihm passend vorkommt und was nicht, und er geht so weit, eine weitere Illusion zu produzieren: die eines Bewerters, der zu einem unbefangenen ästhetischen Urteil in der Lage ist. Das Bild, das Territorium, findet sich quasi flach zwischen zwei Pyramiden eingezwängt – der Apex der einen ist virtuell und liegt auf der berühmten *Fluchtlinie* ins Unendliche, während die Spitze der anderen sich im Auge dessen befindet, der nur noch zum Schauen bestellt ist.

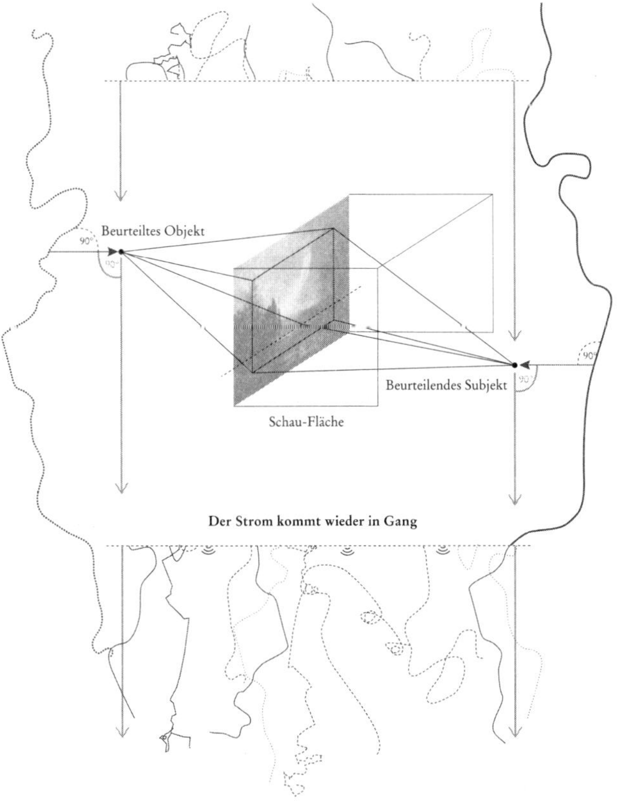

Zeichnung: Alexandra Arènes

Wenn der Betrachter zum Beispiel eine Landschaft mit einem Berg, einem See, einem Sonnenuntergang, einem Rudel Hirsche und in der linken Ecke einem Wald vor sich hat, dann ist es an ihm, und an ihm allein, zu entscheiden, ob die Sonne »gut wiedergegeben« ist, ob der See nicht »heller« sein könnte, die Hirsche »etwas weiter auseinandergerückt« und ob die Schwärze des Waldes seiner Ansicht nach »großartig heraufbeschworen« wird. Der Betrachter urteilt und entscheidet, so dass jede Beziehung zwischen Wald, Sonne, See, Tier und Himmel über ihn erfolgt und sich zu *seinem alleinigen Wohl* einstellt. Es spielt übrigens keine Rolle, ob man ihm ein Meisterwerk vor Augen führt, den Entwurf einer Industrieanlage, einen Schlachtplan, eine Luftaufnahme, eine Theaterszene oder die Karte eines Gebiets, das ein Fürst sich unterwerfen möchte. Wie uns Frédérique Aït-Touati berichtet, ist es immer das, was »vor Augen« ist, eine *landscape*, diese Erfindung des europäischen 17. Jahrhunderts. Das Subjekt (denn jetzt ist es ein »Subjekt«) verlässt den White Cube nicht, dem nun eine Vision in Form einer Landschaft entsteigt, und damit zwangsläufig Dinge, die im Objektmodus wiedergegeben werden (denn jetzt sind es »Objekte«) und die gewissermaßen in seiner Hand sind. Philippe Descola hat diese große Szene rekonstituiert: Derjenige, der in dieser Schachtel steckt, wird ein *naturalisierendes* Subjekt gegenüber *naturalisierten* Objekten. Das ist das Befremdlichste an dieser Geschichte: Die »Natur« gibt es nur für ein Subjekt. Und in dieser Schachtel bleibt es eingesperrt. Die Dinge und es selbst sind gleichsam mit zwei feinen Nadeln aufgespießt wie Schmetterlinge in einer entomologischen Schublade, und Zettel mit blauer Borte tragen in schwarzer Tinte die Aufschrift: »modernes Objekt«, »modernes Subjekt«.

Noch ein paradoxes Ergebnis des Lockdowns: Er hat uns ermöglicht, aus einer solchen Schachtel zu entwischen! Der Titel »Die Verwandlung« ist umgekehrt zu verstehen: Gregor nimmt eine lebendige Form an, und seine Eltern verharren eingezwängt in der unmöglichen Position starrer Subjekte gegenüber ihrerseits starren Objekten.

Was geschieht, wenn die Protagonisten dieser Szene sich wieder in Bewegung setzen, sich wieder um 90 Grad drehen, aber diesmal in die richtige Richtung, und wieder in den Strom der Dinge eintreten, die ihrerseits wieder ihren Weg aufnehmen und aufhören, anderen zu erlauben, sie sich bloß vorzustellen? Seitens der »Objekte« wird das ein fröhliches Chaos. Der Wald, der See, der Berg, die Hirsche, der Boden sind immer noch da, aber sie brauchen nicht mehr das *Subjekt*, um zu entscheiden, was ihnen ziemt oder nicht: Sie nehmen ihren Weg wieder auf, indem sie *aus eigener Kraft* entscheiden, was ihnen ermöglichen wird, ein wenig fortzubestehen. Und wieder ist es, als taue ein Fluss auf. Ende des Naturalismus.

Aber auch das »Subjekt« bleibt nicht länger eingeschlossen. Anfangs ist es natürlich etwas steif, es fehlt ihm an Übung, aber es wird seine Beweglichkeit schnell wiederfinden. Die wiederbevölkerte Person macht sich daran, in dieselbe Richtung zu strömen wie die Lebensformen, gedrängt, geschoben von ihnen, seitwärts, im vollen Schwung die aufgreifend, von denen es abhängt, und auf der Stelle, augenblicklich über das Schicksal derer entscheidend, die von seinem Handeln abhängen.

Als würdet ihr, statt von eurem Gehsteig aus einer großen Demonstration zuzuschauen, die an euch vorbeizieht, beschließen, euch in sie einzureihen. Bisher wart ihr Beobachter, jetzt seid ihr gezwungen, in dieselbe Richtung zu marschieren wie die lärmend wogende Menge, da ihr mit jedem der Wesen auf eurer Liste dieselben Erzeugungssorgen teilt. Ihr habt die Dinge zwar nicht mehr »vor Augen«, aber anders als das ehemalige »Subjekt« angesichts der ehemaligen »Objekte« haltet ihr euch nicht mehr aus ihrer Dynamik heraus. Ende des Anthropozentrismus.

Man könnte immer noch ein Bild herstellen, aber seine Tendenz wie auch der gewählte Ausschnitt wären nicht mehr dieselben. Die wieder in Bewegung gekommenen Wesen wird man ebenso wenig auffordern innezuhalten, wie man von Fischen verlangt, höflich in den Apparat zu lächeln, der einfängt, wie sie sich in einem Fischschwarm tummeln. Es wäre eher, als würdet ihr in einem Strom *Einschnitte* vornehmen, indem ihr versucht, das Gewimmel all dieser verknäulten Bewegungslinien mit Sensoren zu orten. Ja, auf diesem Bild hat der Hirsch sich bewegt, ist die Sonne untergegangen, wurde der Wald abgeholzt; ja, auf diesem zweiten gibt es jetzt Zäune, neu gepflanzte Bäume, Kühe und ihre Kälber, der Himmel ist verhangen; aber was auf diese Weise verzeichnet wird, ist nicht das mechanische Verstreichen der Zeit: Es handelt sich um zu Bildern geronnene Entscheidungen, die Lebende getroffen haben, um am Leben zu bleiben.

Und *unter diesen Lebensformen* – das ist der ganze

Unterschied – gibt es Verzweigungen, die jene wiederbevölkerte, auf den Kompass gestellte Person aufgreifen muss, die nunmehr in dieser Menge, diesem Strom, dieser Demonstration wie die anderen über ihr Schicksal zu entscheiden hat. Hat sie diesen Wald dagegen verteidigt, dass er abgeholzt wurde, hat sie die Umzäunung genehmigt, die Wiederbepflanzung gefördert, die Qualität des Seewassers erhalten? Oder hat vielmehr der Hirsch das Weite gesucht, haben die Lärchen dem Klimawandel nicht standhalten können, hat die Dürre den See abgesenkt? Dieselben Fragen stellen sich *parallel* allen Lebensformen, die miteinander fliehen oder fließen, sich überkreuzend oder entflechtend. Nicht mehr *Flucht*linien, die ins Unendliche streben, sondern *Lebenslinien* – was Chantal, die Musikerin, *Fugen* nennt.

Die wiederbevölkerte Person setzt sich mit der Situation auseinander. Was heißt, dass sie Vor- und Nachfahren *wiederfinden* darf. Das Territorium, das sie nach und nach zusammensetzt, gehört ihr nicht mehr, sie wird *von ihm beurteilt*. Sarah Vanuxem würde sagen, dass das Territorium ihr Eigentümer geworden ist – oder vielmehr: wieder geworden ist. Das ist der Nomos der Erde. Die Verwandlung hat stattgefunden: Vom »Subjekt«, das eine Landschaft vor Augen hatte, wurde die Teilnehmerin zum *Vektor* einer Entscheidung, die zwischen Vor- und Nachfahren zu treffen ist. Und *zwischen beiden*, an dieser Schnittstelle, in diesem Kessel wird sie nach ihrer Fähigkeit beurteilt, über die *Fruchtbarkeit* oder *Unfruchtbarkeit* der Lebensformen zu entscheiden, in die ihr Schicksal nunmehr verwickelt ist. Sie steht auf einem Bein in einem Spiel, in dem ihr Schicksal sich entscheidet, zwischen HIMMEL und ERDE.

Jetzt beginnt das Versprechen in Erfüllung zu gehen, das in dem Wort »Verwandlung« anklang – sofern wir die Geschichte andersherum lesen. Um ein Individuum zu lokalisieren, müssen wir ihm zwangsläufig einen Kontext hinzufügen, der es erdrückt und in Bezug auf den es so gut ist wie nichts; zwischen ihm und dem Kontext herrscht ein totaler Bruch – das ist der übliche Sinn des Adjektivs »kafkaesk«. Eine Person, die lernt, sich zu verorten, wird in dem Maße, in dem die Liste derer sich erweitert, von denen sie abhängt oder die von ihr abhängen, immer spezifischer, eigentümlicher. Das ist das ganze Paradox der Holobionten oder der Soziologie der Assoziationen: Immer besser mit jemandem vertraut werden heißt für eine Person immer weiter zu denen reisen, mit denen sie sich vermischt hat. Das auf fast nichts reduzierte Individuum fühlt sich angesichts der Unermesslichkeit dessen, wovon es beherrscht wird, notgedrungen ohnmächtig: die Person, der Netzwerk-Akteur, der Volk-Aktant, der Holobiont spürt, dass ihm Flügel wachsen in dem Maß, in dem die Punkte auf seiner Liste, seinem Handlungsablauf, seinem Lebenslauf sich vermehren; sie verstreuen, vervielfachen sich. Es gibt »Bindungen, die befreien«: Je abhängiger das Individuum ist, umso unfreier ist es; je abhängiger die Person ist, umso mehr Handlungsspielraum hat sie. Wenn das Individuum versucht, sich zu regen, stößt es immerzu auf seine Grenzen; es jammert und klagt, wird von trübseligen Leidenschaften übermannt, ihm bleiben kaum mehr als Empörung und Ressentiment. Wenn die Person sich verlängert, wiederbevölkert, entfernt, *sich zerstreut* im wahrsten Sinn des Wortes, dann verteilt, vermischt sie sich und eignet sich nach und nach Wirkkräfte wieder an, von denen sie sich keine Vorstellung machte. Wahrhaftig, das »ungeheuere Ungeziefer« ist nicht der, von dem man es glaubte! Gregor schwingt sich auf, und seine Eltern vertrocknen in ihrer Schachtel.

Ein Kompass solcher Art gibt demjenigen, der sich darauf platziert, nicht nur eine *Orientierung* – er *stellt* ein Erzeugungsprinzip *wieder her*, das zerbrochen worden war. Das ehemalige moderne »Subjekt« wusste nicht, *wo im Raum* es sich platzieren sollte – völlig verrenkt, wie es war, unbeweglich und überdies halb blind, und das, um »Objekte« anzustarren, die gleichermaßen ver-rückt waren, außer Kraft gesetzt, fehlgeleitet durch die Verpflichtung, sich dem Blick preiszugeben (wie das Haupt von Johannes dem Täufer in der Schale Salomes, um ein Beispiel von Louis Marin aufzugreifen). Ebenso wenig weiß dieses moderne Subjekt, *wo in der Zeit* es sich platzieren soll – zwangsläufig, denn um in den Cube zu passen, musste es mit seiner Vergangenheit brechen, und sogar mit seiner Vergänglichkeit. Es musste nicht nur einen radikalen Bruch vollziehen, um »entschieden modern« zu werden, sondern auch *sich der Mittel begeben, zu vergehen*. Stromauf wie stromab seiner Bindungen ledig, kann das »moderne Subjekt« nicht zur Quelle des Handelns zurückkehren, deren es bedürfte, wenn ihm bewusst wird, dass es vom Weg abgekommen ist. Das ist die Quelle seiner Angst: Um nicht versucht zu sein umzukehren, um nicht zu riskieren, als »reaktionär« zu gelten, hat es *seine Schiffe hinter sich verbrannt*. Die Zukunft hat aus der Vergangenheit einen Albtraum gemacht und einen unüberbrückbaren Abgrund zwischen ihnen ausgehoben. Grausig, aber wahr: Das moderne Subjekt kann sich einzig nach vorwärts bewegen, was immer daraus folgen mag. Und daher muss es sich unweigerlich auf den Irrtum versteifen – eine Haltung, von der es zu Recht heißt, sie sei teuflisch. Es kann die Erfahrung der Welt nicht mehr in sich aufnehmen, es hat sich *das Leben* ganz und gar *unmöglich gemacht*. Der Anspruch von Dispositiven wie der »Ausrichtung am Kompass« besteht gerade darin, die Lösung der Kontinuität wiederherzustellen.

Wenn die Progressiven alten Schlags Erdverhafteten begegnen, werfen sie ihnen immer vor, sie wollten »zum Kerzenlicht zurückkehren« – was uns zum Lachen reizt. So viel ist daran allerdings richtig: Wenn die Modernen ihre Schiffe verbrannt haben, um sich den Rückweg abzuschneiden, bleibt in den halbverkohlten Kisten wahrscheinlich nicht mehr übrig als ein paar Kerzen! Aber wir Erdverhafteten sind nicht auf diese Handvoll ramponierter Wracks angewiesen. Wir sind nicht einfach wieder »archaisch« geworden, wir haben uns völlig abgewöhnt, auf das Fallbeil »Modernisierung« zurückzugreifen. Nichts hindert uns folglich daran, *umzukehren*, denn wir weigern uns, die Erzeugungssorgen all derer zu ignorieren, von denen wir – stromaufwärts – abhängen und die – stromabwärts – von uns abhängen. Für uns sind beide von Neuem miteinander verbunden. Das vielgeschmähte Wort »Tradition« erschreckt uns nicht; wir sehen darin ein Synonym für die Fähigkeit zu erfinden, zu überliefern und folglich zu überdauern. Den gordischen Knoten, den das Schwert der Modernisierung durchgehauen hatte, versuchen wir neu zu knüpfen, indem wir Arten und Weisen wiederentdecken, mit denen die Lebensformen sich im Sein erhalten. Auch ihr habt nie versucht, die Erde zu verlassen. Ihr hattet nie einen anderen Ansporn als Gaia. Ihr seid Kinder Adams geblieben, vielleicht aus Staub gemacht, wie der Humus, beladen, überströmend, vielfältig, überlagert und vielleicht endlich *fähig*, auf die unvorhergesehenen Folgen eurer Handlungen *zu reagieren*.

10. Vermehrung der sterblichen Körper

Zwar realisieren viele von uns, dass die Landschaft sich wieder in Bewegung setzen, die Wirtschaft endlich an die Oberfläche gelangen kann und Gaia selbst sich ganz anders als jene berühmten »leblosen Dinge« verhält, deren Gesamtgefüge angeblich die »NATUR« war: Trotzdem will man mich beharrlich glauben machen, dass ich einen »biologischen« Körper hätte. Das setzt mich in Erstaunen.

Am Montag war ich in der Klinik Salpêtrière zur neuerlichen Injektion von Paclitaxel; am Dienstag setzte ein hervorragender Akupunkteur, der von sich selbst sagt, er sei »ein bisschen ein Zauberer«, mir angewärmte Nadeln in die Wade, die einen zarten Geruch von Beifuß verströmten; am Mittwochmorgen ließ mich Laetitia Chevillard, meine Qigong-Coachin, langsam atmen, damit ich lerne, meine Energie in den rechten Fuß zu lenken; am Nachmittag nahm allerdings die Nephrologin, diesmal in der Pitié, meine persönliche elektronische Datenbank in Augenschein und entschied, dass es um meine Niere alles in allem ganz gut bestellt war; das ging so weiter bis zum Freitag, an dem ich einen weiteren Spezialisten traf, einen Kardiologen, der eine Ultraschalluntersuchung machen wollte, aber mein Herz schlug zu schnell, weshalb die Untersuchung ausgesetzt wurde und ich ihn mit zwei neuen Medikamenten gegen Herzrasen verlassen musste. Recht alltägliche Erfahrungen, aber mit dem, was ich aus der Umkehrung der Landschaft gelernt habe, frage ich mich, ob ich nicht auch mit der Befreiung meines Körpers anfangen sollte. Mit der Dauer des Lockdowns überkommt einen die Lust, sich völlig zu befreien und die Metaphysik radikal zu verändern.

Früher hätte ich natürlich akzeptiert, einen »biologischen« Körper zu besitzen, begriffen als »materielle« Basis, als unbestreitbares Fundament, und ihm meinen innerlich *erlebten* Körper, den meiner Subjektivität, hinzuzufügen. Das nannte man den »psychosomatischen« Auswirkungen nachgehen – das Herz schlägt zu schnell, weil man Angst hat, die Nadeln wirken aufgrund einer inneren Empfindung umverteilter Energie usw. Doch wie mir bewusst wurde, wird diese Art der Verteilung von Werten ERDE nicht gerecht: Ihre Materialität ist ganz anders zusammengesetzt als die »Materie« alten Schlags. Zweifellos lassen sich, mehr oder weniger überall und mit hohen Kosten und unter Einsatz vieler menschlicher Ressourcen, kleine Schächte, Segmente, Sequenzen von UNIVERSUM schaffen; doch die sind, zumindest in der kritischen Zone, nie zahlreich und autonom genug, um ein zusammenhängendes Gewebe zu gestalten, das der *res extensa* der philosophischen Tradition ähnelt. Es ist eher ein Archipel, ein Flickenteppich, ein Harlekinskostüm. Die Fülle der terrestrischen Welt wiederum: das sind die miteinander vermischten Lebewesen, aus denen sie besteht, alle in den Sedimenten ihrer Handlungen ineinander verflochten – Berge und Ozeane, Luft und Boden, Städte und Ruinen.

Oberfläche und Tiefe, Vorder- und Hintergrund miteinander verwechseln – das wäre, als würde man das Agrarbusiness für die Offenbarung dessen halten, woraus ein Boden zusammengesetzt ist. Meinem Eindruck nach haben heutzutage fast alle den Unterschied begriffen: Durch landwirtschaftliche Zusatzstoffe und Externalisierung aller schädlichen Folgen – Vergiftung der Bauern, beschleunigte Erosion der Böden, umgekippte Flüsse, Insektensterben – können zwar für eine bestimmte Zeit durchaus höhere Erträge erwirtschaftet werden, aber das entsprechende Feld ist *aus dem Boden* gedrängt, vertrieben, exterritorialisiert worden. Weit entfernt davon, die tiefere Beschaffenheit dessen zum Ausdruck zu bringen, was eine Landschaft werden könnte, erscheint dieser Zugriff mehr und mehr als das, was er ist: *Landnahme*, eine gewaltsame Inbesitznahme, eine Besetzung auf Zeit durch andere und vor allem für andere, bevor diese sich woandershin verziehen und hinter sich verwüstete Erdoberfläche zurücklassen. Man braucht nur einmal den Agronomen zu folgen, um manchmal schon nach einigen Metern den Unterschied zu spüren zwischen einem durch das Agrarbusiness aufgeworfenen und hochgeschleuderten Feld und einem Boden, der in Ruhe gelassen wurde und Volumen gewonnen hat durch die Vielfalt der Lebewesen, aus denen er sich zusammensetzt. Lasst euch von einem Bodenkundler zeigen, wie man einen Erdklumpen in der hohlen Hand rollt, und riecht daran.

Es ist folglich eine Sache der Aufteilung von Kontinuierlichem und Diskontinuierlichem, der Umkehrung von erster und zweiter Ebene. Trotz ihres Namens ist es der »ausgedehnten Sache«, der *res extensa*, seit dem philosophischen Roman Descartes' als Grundeigenschaft der Welt definiert, nicht gelungen, sich über das Lokale und bestimmte Segmente oder Teilstücke unserer Handlungsabläufe hinaus *auszudehnen*. Was die Landwirtschaft betrifft, so scheint sie unaufhaltsam zu schrumpfen, so dass der Ausdruck »moderne Landwirtschaft« etwas höchst Bizarres, Überholtes zu bezeichnen beginnt ...

Nur, warum verhalten sich der Krebsspezialist vom Montag, die Nephrologin vom Mittwochnachmittag und der Kardiologe vom Freitag so, als hätten sie lediglich drei distinkte Organe aus ein und demselben kontinuierlichen Körper, meinem »biologischen« Körper, herausgeschnitten? Und, mehr noch, warum sollte ich den Akupunkteur vom Dienstag und die Coachin vom Mittwochmorgen auf meine seelische Befindlichkeit und die Auswirkungen verweisen, die diese etwas mysteriöserweise durch Vermittlung irgendeiner Zirbeldrüse (ein weiterer hübscher Fund des nämlichen René Descartes) angeblich herbeiführt? Im Übrigen, wenn ich ihrem Vorgehen richtig gefolgt bin, war das einzig Kontinuierliche, das sie durchsucht haben, meine elektronische Datenbank, die sie mit größter Sorgfalt konsultiert haben. Daher mein Eindruck, dass die Kontinuität meiner Organe eher eine *Karte* bildet, die recht oberflächlich das *Territorium* eines Körpers wiedergibt, der durch andere Verfahren zugänglich ist – Nadeln oder Atemübungen. Demnach verhielte es sich mit dem Feld wie mit dem Körper: So wenig das Agrarbusiness das Verhalten des Bodens zum Ausdruck bringt, so wenig geben die verschiedenen Zugriffe der Biologen die Wirkmächte meines Körpers wieder. Auch hier ist die Karte nicht das von unten und vom richtigen Ausgangspunkt her ins Auge gefasste Territorium.

Ich beschwere mich nicht über die Macht der Ärzte; ich kritisiere nicht den unmöglichen Reduktionismus; ich versuche lediglich, meinen Körper in Übereinstimmung mit dem zu bringen, was ich von ERDE gelernt habe. Auch wenn es nicht darum geht, die alte Analogie zwischen Mikro- und Makrokosmos aufzufrischen, würde ich beide doch gern miteinander in Einklang bringen. Wenn es stimmt, dass wir noch nie die Erfahrung einer realen Begegnung mit »leblosen Dingen« gemacht haben, dann muss das doch weitaus mehr für die Begegnung mit unserem eigenen Körper gelten! Ich behaupte auch nicht, dass die Mediziner den Körper in Teile zerhacken würden wie Metzger ein Rinderstück, während der Akupunkteur und die Coachin ihn *in toto*, »holistisch«, erfassten. Gaia ist genauso wenig eine kohärente Totalität wie mein Körper. Wie ERDE kein lebender, so ist mein Körper kein einheitlicher »Organismus«. Ihn »in seiner Ganzheit«

zu nehmen ergibt genauso wenig Sinn, wie ein »Stück« daraus zu entnehmen, in der Hoffnung, dass es weiter funktioniert. Wenn ein einzelnes »Pfund Fleisch« keinen Sinn ergibt, dann ein »ganzer Körper« ebenso wenig. Einheit, Ränder, Grenzen: das fehlt den Lebewesen völlig, und das gilt selbstredend für die Teile nicht weniger als für die Ganzheiten. Genau das sucht das Wort Holobiont einzufangen: Die Heterotrophen können definitionsgemäß nicht stabilisieren, wovon sie abhängen. Gebt ihnen eine Identität, und sie wird mit all den Wesen, die diese provisorische Membrane zulassen, anfechten, unterstützen, errichten, zwangsläufig in einer Schieflage sein. Das gilt für die Entität »Herz« oder »Niere« wie für die Entität »astraler Körper«, »Energiezone«, »Aura« oder »Akupunkturpunkte«. Das ist der ganze Vorteil des Lockdowns: Er befreit uns von den scharfen Rändern.

O Gregor, hilf: Deine Eltern haben einen »biologischen« plus einen »psychologischen« Körper, gut so. Du aber, der du diese Verwandlung erfahren hast, die ich ein Jahrhundert später zu erfassen suche, in welchem Körper musst du dir angewöhnen zu leben?

Ich merke bereits, dass, sobald ich ERDE um Hilfe angehe, das »Bio-Logische« seinen Ort ein wenig verändert hat. Es ist wieder abhängig geworden von Instrumenten, Laboren, Untersuchungen, Datenbanken, von Forschung, klinischen Versuchen, und hat sich *reduziert* auf lokale Entnahmen, partielle Eingriffe, auf Zugangsverfahren, von denen einige wie erwartet funktionieren, andere weniger. Nur in dieser Bedeutung ist das Wort »Reduktionismus« nützlich: wenn es bezeichnet, was die Laborverfahren zu erfassen erlauben. Plötzlich eröffnen sich zwischen diesen Inseln, diesen Archipelen, diesen Sporaden derart viele Lücken, Diskontinuitäten, dass darin mühelos ein gutes Dutzend weiterer Berufe, Dispositive, Coaches und Akupunkteure, Hexer und Heilpraktiker untergebracht werden können, jeder mit den ihm eigenen Mitteln, Gründen und Ambitionen, aber keiner in der Lage, meine Erfahrung »abzudecken«, ein Körper zu sein. Jetzt ist Platz für alle.

Aber das klärt uns immer noch nicht darüber auf, wie wir diese Flut von Erfahrungen, aus der alle diese verschiedenen Berufe hervorgehen, bezeichnen sollen. Das jedoch muss ich wissen, um die Übereinstimmung zwischen der Erfahrung, im Lockdown in und mit Gaia zu leben, und der, in und mit meinem Körper eingesperrt zu leben, sicherzustellen. Es nützte nichts, sich daran zu gewöhnen, ERDE nicht mehr zu verlassen, dabei aber weiter zu behaupten, dass es im Idealfall derart angenehm und wohl auch möglich wäre, meinen »biologischen« Körper zu verlassen und, wer weiß, irgendwo anders »wirklich ich« zu sein …

Früher sagte ich »erlebter Körper«, um damit das subjektive Erfassen ein und derselben Gesamtheit von Dingen zu bezeichnen, wenn ich sie von innen erfuhr, während mein wirklicher Körper, mein »objektivierter« oder sogar, wie es einst hieß, »verdinglichter« Körper handfest »biologisch« blieb. Jetzt würde ich mit dem Ausdruck »erlebter Körper« gern auf die Vielzahl von Lebewesen hinweisen, die sich provisorisch relativ dauerhaft zusammenfügen, um mir zu erlauben, meine Existenz um einige Zeit zu verlängern. Krebs zu haben ist deswegen eine so spannende Erfahrung, weil es dazu zwingt, sich für die Unabhängigkeit einiger dieser Wesen zu interessieren, die noch ungebundener als die anderen ihren eigenen Weg verfolgen. Winzig, ungreifbar, schlau, beharrlich, vor allem aber, wie alle anderen Lebewesen, einem Gesetz folgend, das sie sich selbst gegeben haben. Als *sui generis*, einzigartig, lassen sich alle Wirkmächte bezeichnen, und ganz besonders Gaia. In dieser Wolke von Holobionten, diesen Milliarden von übereinandergelagerten, ineinander verschachtelten, wechselseitig voneinander abhängigen Mächten führt jede einzelne ihr Leben und dauert oder verschwindet, erzeugt oder vergeht nach eigener Wahl. Der erlebte Körper, Körper der Lebenden und folglich Körper der Sterblichen, bezeichnet jetzt die eigentliche Materialität dessen, was ich bin. Das gilt für mein Inneres wie mein Äußeres, den einstigen »subjektiven« wie den einstigen »objektiven« Körper. Der Sauerstoff, den ich einatme, stammt von Bakterien, die Lungen, die ihn inhalieren, rühren von jenen unermesslich langen Abstammungslinien her, die sich seiner als einer Chance bemächtigt haben. Und für mich ist es die Chance, einige Zeit auf jener Riesenwelle surfen zu können, die ich »meinen Körper« nenne.

Ist das nicht eine prächtige Art und Weise, die Kontinuität der Erfahrung zu sichern, oder, wie Stengers so treffend sagt, »den Common Sense zu reaktivieren«?

Jener Inspiration also, die im vorherigen Jahrhundert von einer alternativen philosophischen Tradition ausging: der von William James und Whitehead. Einen Körper haben bedeutet, zu lernen, *affiziert* zu werden. Der Gegenbegriff zu »Körper« ist weder »Seele« noch »Geist«, weder »Bewusstsein« noch »Denken«, sondern »Tod« – so wie das Antonym zu Gaia Mars ist, der unbelebte Planet. Doch diese wunderbare Tradition blieb eben alternativ oder dissident, verloren im ungeheuren Exil des Positivismus, übertönt vom Getöse der »großen Beschleunigung«. Wieder hörbar wird sie heute, weil die Erfahrung erneut zu der – einheimischen – der Erzeugung wird. Der Makrokosmos hilft bei der Erneuerung des Mikrokosmos. Kontinuität gewinnen die Erzeugungspraktiken nicht durch die stets lokale Abwicklung von Beziehungen zwischen Ursache und Wirkung, sondern weil sie sich in alle Lücken der Handlungsverläufe, in jedes Detail einfügen, diesen bestimmten Augenblick, diese Kontinuitätslösung, diese Inspiration, diesen manchmal winzig kleinen Kreativitätsschub nutzen, der den alltäglichsten Umtrieben, denen der Zellen, Gene, Angestellten, Ärzte, selbst der Roboter, ermöglicht, ihre Wirkmächte und Leidensfähigkeiten ein bisschen zu verlängern. Seit einem halben Jahrhundert hat sich dank der verschiedenen feministischen Bewegungen der Anspruch auf den eigenen Körper sukzessive verbreitet – *our bodies ourselves* –, so dass er, zunächst auf kritische Weise, in alle Zwischenräume der *res extensa* eingedrungen ist, um nach und nach die gesamte Bühne zu besetzen und schließlich, in herrlicher Resonanz mit Gaia, zum Gewebe der Welt und zur neuen Standardeinstellung zu werden. Wir alle, männliche wie weibliche Wesen, sind erzeugte und sterbliche Körper, die ihre Wohnbedingungen anderen erzeugten und sterblichen Körpern jeder Größe und Abstammung verdanken.

11. Reprise der Ethnogenesen

Infolge ihrer harten Prüfung durch den Lockdown erahnen die Erdverhafteten jetzt, wo sie sind, orten sie sich immer besser, haben sie ihre eigene Bewegungsmetrik gefunden: die peinlich genaue, tastende Erkundung dessen, wovon sie abhängen, die den Erzeugungspraktiken gewidmete Sorgfalt. Endlich haben sie sogar sterbliche Körper. Aber damit stellt sich ihnen ein neues Rätsel: Wie viele sind sie? Gibt es andere Gesellschaften, die ihnen gleichen? Können sie die Frage der Zugehörigkeit zu einer Nation mit erkennbaren Grenzen neu aufrollen? Darüber sagt uns Kafkas Geschichte nichts, denn Gregor starb einsam, unter einem Sofa vertrocknet, ohne irgendein Zeugnis über seine Artverwandten zu hinterlassen.

Die Schwierigkeit ist umso größer, als die Begriffe »Boden«, »Territorium«, »Volk«, »Tradition«, »Erde« und »Rückkehr zur Erde«, »Verwurzelung«, »Lokalisierung«, »organische Einheit« allesamt von den Modernen angeeignet, kolonisiert wurden, um das Vergangene, Archaische, Reaktionäre zu beschreiben, das, wovon man sich um jeden Preis mit einem energischen Ruck losreißen musste, um in die Zukunft zu stürmen. Diese Begriffe aufgreifen heißt sich ein wahres Nessusgewand überstreifen. Es brennt umso heftiger, als sie von denen *positiv* reklamiert werden, die wahrhaftig zurückwollen, um wieder Schutz in einem Vaterland, in einer Nation, auf einem Boden, im exklusiven Miteinander von Volksgenossen, in einer Ethnie, in einer erträumten Vergangenheit zu finden. »Wenn die Globalisierung ins Nirgendwo führt«, rufen sie, »dann gebt uns wenigstens eine sichere Bleibe, wo wir leben können, eingeschlossen vielleicht, aber geschützt, und vor allem *unter uns*.« Die Antimodernen halten sich an das Gebot der Modernen, kehren es aber um.

Wie können die Erdverhafteten die Bindung an die Erde »locker« gestalten, wo sie doch durchaus den Anspruch erheben, sich dort endlich auf Dauer niederzulassen? Wie kann aus ERDE ein glaubwürdiger Unterbau werden, wenn jene Erde schon von denen angeeignet, zu ihrem Territorium gemacht wurde, die dabei sind, sie in ein Nebeneinander von Nationen aufzuteilen, die kein anderes Ideal verbindet als der Krieg aller gegen alle? Die Erdverhafteten laufen Gefahr, ebenso vertrottelt zu wirken wie der Held in David Brins *Postman*, der, einsam und einzig bewaffnet mit seiner Dienstmütze, seinen Schulterklappen und seinem Postbeutel voller Briefe ohne Absender und Adressaten, umherzieht und den Anspruch erhebt, einen Staat zu vertreten, der längst verschwunden ist. Die Erdverhafteten können nicht den Rest der Welt erkunden und sich als die letzten Vertreter eines Universalstaats ausgeben, den es nicht mehr gibt ... Aber ein neues Universelles erfinden – was soll das heißen?

Man beschuldige uns Erdverhaftete nicht, die Universalität der Menschheit in Frage zu stellen. Das ist bereits geschehen, und zwar in großem Maßstab. Der Antihumanismus ist ein Spiel, das überall gleichzeitig läuft. Übrigens war es unvermeidlich, dass die Modernisierung in ein großes Chaos mündete, da sie immerhin eine Art gemeinsamen Horizont geliefert hat, einen Ersatz für den Omegapunkt. Hat sich diese Verankerung einmal gelöst, geht alles in die Binsen. Die Krisen jagen sich, in denen dieses negativ Universelle immer wieder in Form der systematischen Dekonstruktion dessen zutage tritt, was jüngst noch die »internationale Ordnung« hieß. Die Ruinen der Modernisierung ähneln, das muss man David Brin lassen, derzeit so ziemlich dem Bild, das er entworfen hat. Daher der Eindruck, dass wir einen Lockdown nur hinter uns lassen, um in einen neuen Albtraum zu geraten.

Um Frieden unter den kriegführenden Nationen zu stiften, reicht es anscheinend nicht mehr aus, ihnen zu verkünden: »Wir alle auf Erden sind schließlich Menschen, das eint uns doch.« Diese alte Lösung der Probleme ließ zweierlei Deutungen zu, die uns gleichermaßen den Boden entzogen haben. »Wir sind alle Menschen«, das bedeutete zunächst: »Durch unser Bewusstsein, unsere Ideale, unsere Moral sind wir alle gleichermaßen erhaben über das Schicksal der leblosen Dinge, der biologischen Körper und der Tiere.« Was darauf hinauslief, überall zu leben, nur nicht mit ERDE! Man hatte an einen profanen oder religiösen HIMMEL zu glauben, in den wir alle schließlich umziehen werden, wenn wir uns geschlossen modernisieren. Die andere Lesart dieser stolzen Maxime erlaubte es aber ebenso wenig, sich auf der Erde zu lokalisieren: »Wir sind alle Naturwesen, Produkte derselben Ursachen und zu denselben Zwecken bestimmt wie die materiellen Objekte; modernisieren wir uns gründlich, indem wir schlicht und einfach verschwinden, wie die NATUR es tut.« Diese Naturalisierung brachte dieselbe beschleunigte Flucht weg von ERDE mit sich, dieselbe Trennung vom Boden und einen weiteren Ortswechsel, aber diesmal nicht in den HIMMEL, sondern ins UNIVERSUM, auf die andere Seite, ins Jenseits des Limes. Die Anerkennung einer universellen Menschheit wurde mit einem doppelten Exil, einer doppelten Flucht bezahlt. Wir modernisierten uns zwar alle, aber um den Preis eines kollektiven Selbstmords! Ein hoher Preis. Dieser Todestrieb war derart stark, dass es nicht überrascht, wie schnell die Zusammenbruchsthemen populär wurden – der Kollaps eines tief verborgenen Wunschs nach dem Kollaps.

Seltsamerweise hilft der Lockdown den Erdverhafteten, sich der Weltflucht zu entziehen. Deswegen macht sich überall leise die Wiederkehr eines großen anthropologischen Problems bemerkbar, des Problems der wechselseitigen Anerkennung zum Vorschein kommender Nationen, die sich fragen, was es heißt, mit ERDE human umzugehen. Wenn die Lage sich immerhin ein wenig aufgehellt hat, so deswegen, weil die Arbeit an den *Ethnogenesen* in dem Maße unmerklich vorangekommen ist, in dem das universelle »Menschliche« sich immer mehr von den materiellen Lebensbedingungen abgekoppelt hat. Als müsse man von nun an mit unterschiedlichen planetarischen Regimen rechnen; als habe sich die Menschheit wahrhaftig damit abgefunden, auf unterschiedlichen Planeten zu leben; als hege niemand mehr Illusionen über seine Fähigkeit, das Menschengeschlecht zu einen. Das lässt mir keine andere Wahl, als die günstigen oder ungünstigen Konstellationen dieser immer inkommensurabler gewordenen Himmelskörper auszumachen und daraus eine Art Astrologie zu entwickeln.

Es gibt den Planeten *Globalisierung*, der weiterhin diejenigen anzieht, die tatsächlich glauben, sich auf die alte Weise modernisieren zu können, wie auch immer es um das allmähliche Verschwinden des Stückchens Erde, auf dem sie leben, stehen mag. »Mensch« sein heißt für sie, dem Schicksal des Planeten mit fröhlicher Gleichgültigkeit zu begegnen, indem man die fragile Existenz seiner dünnen kritischen Zone leugnet. Während diese Globalisierung im 20. Jahrhundert den gemeinsamen Horizont bezeichnete, erscheint sie heute nur mehr als eine provinzielle Version des Planetarischen. Schwierig, diese Realitätsverleugnung zu universalisieren – jedenfalls auf Erden.

Ferner gibt es den Planeten, den man *Exit* nennen könnte. Er wird von denen bewohnt, die die Grenzen der Erde nur allzu gut begriffen, aber ebendarum beschlossen haben, sie zumindest virtuell zu verlassen, indem sie sich hypermoderne Bunker auf dem Mars oder in Neuseeland ausdenken. Für sie ist das Wort

»Mensch« in seiner vollen Gültigkeit den Reichen vorbehalten, den berühmten 0,01 Prozent. Das Ideal der Modernisierung für alle ist aufgegeben und das der fürchterlichen Ayn Rand definitiv Wirklichkeit geworden. Endlich sich um keinen mehr kümmern! Diejenigen, die man bereit ist im Stich zu lassen, *left-behind*, heißen hier nur noch die »Überzähligen«.

Schließlich gibt es den Planeten *Sicherheit*, den der Zukurzgekommenen, die sich in fest abgeschotteten Nationen verschanzen; diese entbehren zwar ebenfalls jeder Bodenhaftung, bieten aber zumindest Schutz – so hofft man. In dieser Welt meint das Wort »Menschen« keine weit gespannte Allgemeinheit, da es von Fall zu Fall mit »Polen«, »Padaniern«, »Hindus«, »Russen«, »weißen Amerikanern«, »Han« oder »waschechten Franzosen« gleichgesetzt wird – wobei man sich hütet, das Wort auf diejenigen anzuwenden, die außerhalb der Grenzen wohnen. Das Ideal einer gemeinsamen Menschheit hat man über Bord geworfen.

Wenn die Erdverhafteten sich von dieser furchtbaren Konstellation nicht völlig zermalmt fühlen, dann verdanken sie dies der starken Anziehungskraft eines vierten Planeten. Wer sich nicht vom Gravitationsfeld der tristen modernen Geschichte einfangen lassen will, wird zögern, ihm allzu schnell einen Namen zu geben. Dieser Planet ist nicht »archaisch«, gewiss auch nicht »primitiv«, ja nicht einmal »basal« oder »urwüchsig«. Er wird von zahlreichen Völkern bewohnt, die, wie Viveiros de Castro es nennt, immer *diesseits* der Modernen gelebt haben, was ihnen ermöglicht hat, ihre einheimischen Existenzweisen auf tausenderlei Art zu kultivieren, indem sie sich denen, die ihre Entwicklung fördern wollten, nach Kräften widersetzten. Diese Außermodernen haben inzwischen ihre Schachtel verlassen, sie haben ihren Lockdown aufgehoben, oder vielmehr: haben sich mit hoher Geschwindigkeit entkolonialisiert. So dass man ihren Planeten fast den *Zeitgenössischen* nennen möchte, da er, der so sehr von der Geschichte überholt war, jetzt plötzlich ungeheuer *in unsere Zeit passt*. Nastassja Martin sagt es ohne Umschweife: Von diesen Völkern, die wir in Gefahr gebracht haben, können die Industrialisierten das Überleben lernen, sofern sie, um wieder zivilisiert zu werden, zu sich selbst sagen: »Lasst uns ganz und gar von ihnen *verwildert* werden ...«

Was könnte nun aber das Projekt der von diesen vier Anziehungskräften angezogenen und abgestoßenen Erdverhafteten sein? Die Maschinerie zur Erzeugung von Völkern, die tastend zu erkunden beginnen, wer, mit wem, gegen wen und für wen sie sind, erfordert eine Kunst, die Stengers *Diplomatie* nennt.

Natürlich praktizieren die Nationalstaaten bereits die Diplomatie, aber auf verquerem Terrain, da sie die Überlagerung von dem, was innerhalb ihrer Grenzen, und dem, was außerhalb liegt und ihnen dennoch zu prosperieren erlaubt, niemals berücksichtigen. Wenn die Nationalstaaten auf einer Landkarte Seite an Seite, *partes extra partes*, erscheinen, so deswegen, weil man die Phantomstaaten, die sie lebensfähig machen und in die sie gewissermaßen eingefaltet sind, nicht einzuzeichnen versteht. Es gibt durchaus das, was man internationale Beziehungen nennt, und sogar einige übernationale Maschinerien, aber sie schaffen es nicht, die gewaltige, täglich wachsende Kluft zwischen den Territorien, »auf denen man lebt«, und denjenigen, »von denen man lebt«, zu reduzieren. Daher kennen die Diplomaten die Interessen ihrer Mandanten nie genau – noch der ehrlichste unter ihnen läuft Gefahr, sie zu verraten.

Unnütz zu hoffen, die Nationalstaaten würden sich aus ihrer Isolation befreien, indem sie das »Lokale« hochhalten: Auf der Ebene der Staaten wie auf der Ebene der in sie eingelagerten Territorien gilt dasselbe Verteilungsraster, obwohl schon die geringfügigste Erkundung wechselseitiger Abhängigkeiten dazu zwingt, fortlaufend den Maßstab zu wechseln, und zwar in jeder Minute mehrmals. Nichts ist strikt lokal, national, übernational oder global. Man müsste ebenso viele Karten wie Wirkkräfte definieren, für jeden Fluss, jede Stadt, jeden Zugvogel, jeden Regenwurm, jeden Ameisenhaufen, jeden Computer, jedes Containerschiff, jede Zelle, jede Diaspora eine eigene Form einzeichnen, die die anderen überlappt, bekleckst, in sie überläuft und ihre wirkliche Beschaffenheit vertuscht. Was gäbe das für ein Chaos!

Jeden Anspruch auf Humanismus einfach fallenlassen? Jetzt, da die Lebensformen in dieselbe Richtung laufen, ist die Versuchung groß. Und doch, was wäre das für eine Drückebergerei, den Anthropozentrismus gerade in dem Moment aufzugeben, in dem die modernisierten Menschen sich anschicken, durch ihre Anzahl, ihre Ungerechtigkeiten, ihre geradezu universelle Ausbreitung so sehr auf dem Schicksal der anderen Lebensformen zu lasten, dass sie einigen Berechnungen zufolge als die treibende Kraft einer sechsten Auslöschung auszumachen sind. Clive Hamilton empört sich zu Recht darüber, dass diese Menschen sich ausgerechnet jetzt weigern, die Verantwortung für das auf sich zu nehmen, was ihre vielgestaltige Präsenz über alle anderen Lebewesen verhängt. Vielleicht kritisiert man den Begriff »Anthropozän« zu Recht, aber er bezeichnet genau das Ziel, das anzustreben ist, sobald man einsieht, dass der Antihumanismus eine Flucht nach vorn wäre, ein neuer Versuch von Atlas, die Mission abzuwälzen, die er sich unwissentlich aufgebürdet hat. Diese erdrückende Last kann er nicht durch ein Achselzucken loswerden – *Atlas wirft die Welt von Neuem ab*? Wenn der Atlas-Mythos noch einen Sinn ergibt, dann den, die Last zu stemmen, die manche Völker den anderen auferlegen.

Wenn es in der Maschinerie zur Erzeugung von Völkern allerorten hakt, so deswegen, weil die Erdbewohner sich immer noch mit der Vorstellung von – lokalen, nationalen oder universellen – Grenzen herumschlagen. Man ermisst, wie sehr die modernen Menschen an Bodenhaftung verloren haben, wenn man sich klarmacht, dass ihre mentalen Ressourcen nur auf der Identität und deren Grenzen beruhen. Was darauf hinausläuft, Heterotrophe – Lebewesen, deren Existenz von anderen Lebensformen abhängt – als autotroph, autochthon und autonom zu behandeln. Daher das ganze Chaos. Worin die Funktion der von den Staaten beauftragten Diplomaten bestand, die die Grenzverläufe nach dem Westfälischen Frieden auszuhandeln hatten, ist leicht zu verstehen. Aber worin würde eine *Diplomatie von Holobionten* bestehen? In der Natur der Diplomatie liegt es, *die Grenzen jeden Grenzbegriffs* zu erfassen. Wie weit man auch die Geschichte dieser so alten Kunst zurückverfolgt, immer sind die Verhandlungen auf die Neudefinition jener berühmten »roten Linien« verwiesen, die die Parteien ständig unter gewaltigen Drohungen in den Sand zeichnen. Als wüssten sie mit größter Sicherheit, auf was sie gegründet sind und was sie wollen! Als hätten sie eine Identität! Als wäre ihnen bewusst, von wie vielen äußeren Wesen die feinen Membrane abhängen, innerhalb deren sie sich geschützt wähnen. Jedes Mal besteht die subtile Kunst der Diplomaten darin, die Identitäten und mit ihnen die Interessen zu modifizieren. Man kann die Holobionten, diese Überlappungen von Monaden, nicht hinter Grenzen verbannen. Genauso gut könnte man versuchen, das Meer mit einem Schwert zu teilen, wie Leibniz sagte, der nicht zufällig der Vater der Monaden und der Schutzpatron der Diplomaten ist.

Man muss es also anders angehen. Ein Weg eröffnet sich, wenn wir uns klarmachen, dass das Universelle mit ERDE und mit UNIVERSUM nicht auf dieselbe Weise verfährt. Das ist keine Frage der Größenordnung; es geht nicht um den Übergang vom Lokalen zum Globalen, vom Kleinen zum Großen, vom Besonderen zum

Allgemeinen. Es ist eine Frage der Metrik. Die Universalien, deren Entwicklungslinien heute unterbrochen sind, verdankten ihre Beweglichkeit ihrer Seinsweise im UNIVERSUM: Ein Fall konnte für alle stehen. Die »königlichen Wissenschaften« (Deleuze) haben uns an niederschmetternde Verallgemeinerungen gewöhnt: Kaum verfügte Descartes über ein paar gesicherte Resultate hinsichtlich der Messung eines Lichtstrahls, da schrieb er *Die Welt*; kaum hatte Pasteur Joseph Meister einen Impfstoff gegen Tollwut injiziert, da riefen die Hygieniker bereits das »Ende der Infektionskrankheiten« aus; Sony bringt zwei anthropomorphe Roboter dazu, mit dem Kopf zu nicken, und schon wird der Posthumanismus verkündigt! Die Modernen konnten sich niemals einer Tatsache vergewissern oder eine Technik voranbringen, ohne das Ideal objektiver Erkenntnis mit Magie zu verschmelzen. Sie waren immer auf der Suche nach einem Zaubermittel.

Mit ERDE aber kontaminieren, konspirieren, verbreiten, verschachteln, komplizieren die Dinge sich nicht auf diese Weise; ja, sie breiten sich aus, aber *Schritt für Schritt*, wobei sie auf die Unterstützung anderer, überlappender Wesen zählen und nie eine Etappe überspringen. Die Wissenschaften nehmen dort geruhsam ihren Gang, ohne auf Magie zurückzugreifen. Die herkömmlichen, dem UNIVERSUM entlehnten Universalien stehen auf ERDEN nicht im Kurs. Welch schöne Lehre hat Covid-19 doch den vom Lockdown Betroffenen erteilt, indem es sie daran erinnerte, dass man wunderbar von Mund zu Mund, von Hand zu Hand wandern und dabei in wenigen Monaten mehrmals um den Planeten reisen kann. Was für ein Globalisierer! Dank der Pandemie wird zumindest keiner mehr sagen, »Schritt für Schritt« bedeute zwangsläufig, man bleibe für alle Zeiten »lokal« und »säuberlich voneinander unterschieden«.

Deswegen sind wir nicht völlig hilflos. Wenn die diplomatischen Künste sich vorantasten, wobei sie wissen, dass jede Grenze eine andere kaschiert und jeder Maßstabwechsel die Vermittlung eines anderen Lebewesens voraussetzt, finden sie schlicht zu ihrer frühesten Bestimmung zurück. ERDE hat es schließlich so weit gebracht, sich fast überall einzuschleichen – warum sollten es die, die sich an ihre Ausbreitungsweisen halten, nicht auch schaffen, an Boden zu gewinnen? Langsam natürlich, und ohne die Konflikte überspringen zu können. Letzten Endes kam ja auch Gaia nicht mit einem Schlag *groß* auf die Welt – sie wurde es: von Moment zu Moment, von Erfindung zu Erfindung, von Kunstgriff zu Kunstgriff.

12. Höchst sonderbare Schlachten

Aus dem Lockdown lernen heißt versuchen, daraus Lehren für das Kommende zu ziehen, so als könnte Covid als Vorbereitung, als Generalprobe für den Zeitpunkt dienen, an dem eine weitere panische Angst vor einer weiteren Gefahr uns erneut in den Lockdown versetzt. Je länger der Lockdown andauert, je öfter er sprunghaft einsetzt, umso härter ist die Lektion, aber auch umso nachhaltiger: Wir kommen nie mehr heraus! Draußen ist eine andere Hülle, ein anderer Biofilm, eine andere kritische Zone, die sich tatsächlich in einer kritischen Lage befindet. »Alle aussteigen; es geht nicht weiter.« Zwischen gestern und heute, zwischen Gregor, dem lieben Sohn und fleißigen Angestellten, und Gregor, dem Ungeziefer, das das Zappeln seiner vielen Beinchen zu beherrschen sucht, besteht eine solche Kluft, dass ihm der Mut sinkt, wenn er sich an die frühere Zeit erinnert, die moderne Zeit.

Und diesem Gefühl des Eingesperrtseins willst du mit aller Macht einen *positiven* Sinn verleihen? Du machst dich wohl lustig über uns! Während wir hinter unseren Masken fast ersticken und gehalten sind, zwei Meter Abstand zu all diesen zur Hälfte gelähmten Gesichtern, zu unseren Verwandten und Nächsten zu wahren? Dabei wollen wir doch gerade nach Lust und Laune in vollen Zügen atmen, wollen voranschreiten, wieder sorglos werden, jawohl – und sogar wieder ins Flugzeug steigen!

Man braucht also gar nicht weit zu gehen, und schon erkennt man neue Konfliktlinien: mitten durch unsere Lungen. Wir wollen wieder atmen wie zuvor, während diejenigen, die vorgeben, »weiterzumachen wie zuvor«, uns ersticken – und trotz unserer respiratorischen Probleme werden wir zu *Konspiratoren*. Das gesamte planetarische Atemsystem ist durcheinander, und das auf allen Ebenen: auf der der Maske, hinter der wir hecheln, der des Rauchs der Feuersbrünste, der polizeilichen Unterdrückung oder der erdrückenden Temperatur, die sogar der Arktis aufgezwungen wurde. Ein Aufschrei, unisono: »Wir ersticken!« Und der wenigstens ist im geschlossenen Zimmer Gregors ebenso zu vernehmen wie in der mickrigen Küche, wo die Familie Samsa sich verkriecht.

Diesen Krieg aller gegen alle verspüre ich nicht nur, wie schon früher, wenn ein Land ein anderes besetzt, sondern auch, wenn Wesen, die mein Weiterleben ermöglichen, unrechtmäßig besetzt werden. Dieses Insekt, jenes chemische Produkt, dieses Metall, jenes Atom – ja, es reicht bis in die Atome hinein –, nicht zu vergessen das Klima, ach, dieses Klima, das man doch so gern vergessen würde und das uns nicht mehr loslässt ... Und diese Besetzung, diese Landnahme ist vielfältig und vollzieht sich auf allen Skalen. Zwangsläufig, da jeder Bürger in einer anderen Welt als der lebt, die ihn *leben lässt.* Die Holobionten können sich nie über ihre Identität definieren, denn ihre Identität hängt von allen anderen ab. Der Natur der Sache nach sitzen sie immer zwischen den Stühlen, zwischen all denen, von denen sie abhängen.

Wann immer ein Aktivist mit mir, dem Bürger eines Nationalstaats, in Kontakt tritt, merken wir beide, dass die Grenzen unserer Identitäten, unserer Verwaltungen, unserer Produktionen, unserer Techniken und natürlich unseres tieferen Ichs nicht relevant sind. Zum Beispiel merkt mein Neffe, dass er für seine Traubenernte schon ab Mitte August auf Weinleser angewiesen ist; meine Tochter, dass ihr Mikrobiom von einer Nahrung abhängt, die sie verschmäht hatte; mein Freund, dass auf seiner Windschutzscheibe keine Insekten mehr kleben, die seine Obstbäume befruchtet haben; meine Nachbarin, dass die seltenen Erden, die sie für ihre Fabrik braucht, alle in chinesischer Hand sind; sie alle schließlich, dass die Temperatur der Atmosphäre von jeder ihrer alltäglichen Handlungen abhängt, und so weiter und so fort. Jedes Zusammentreffen stellt die Grenzen, in denen sich bisher das Tun und Wirken eines Akteurs abspielte, auf die Probe. Sie werden jedes Mal durch andere Akteure überrannt, die in das vordringen, was vordem ein Territorium begrenzte. Das erhöht die Angst vor dem Lockdown, seine Dauer und seine Intensität, und vermittelt den Eindruck, ständig Besatzungsmächte zurückdrängen zu müssen.

Ich befinde mich also zwischen zwei Welten: der einen, in der ich als vollgültiger und rechtlich geschützter Staatsbürger lebe, und jenem anderen geschlossenen Bereich, der sehr viel weitläufiger und mehr oder weniger leicht zu bestimmen ist, sich aber immer mehr auffüllt und entfernt: die Welt, *von der* ich lebe. Es sind zwei zugleich benachbarte und doch nicht direkt miteinander verbundene Bereiche. Und so stellt sich für mich die politische, moralische und affektive Frage: Was soll ich mit dieser *zweiten Welt* anfangen? Was bedeutet es, die Grenzen meines Landes, meines Volks, meiner Nation zu erweitern, um diese zweite Welt, so wie sie sich mir nach und nach enthüllt, einzuschließen? Werde ich Bewohner einer anderen politischen Einheit? Genau an diesem Punkt beginnt die Ethnogenese ernsthaft meine früheren Zugehörigkeiten aufzulösen. Ich weiß nicht mehr, welches mein Land ist. Ich erkenne meinen Boden nicht wieder. Ich bin verloren.

Jeder Teil meines Körpers, meiner Nische, meines Territoriums ist von anderen besetzt, zu meinem Vorteil wie zu meinem Nachteil. Ich möchte durchaus Freunde und Feinde haben, aber sie sollen sich doch bitte in einigermaßen erkennbaren Linien, Lagern, Fronten organisieren. Ich verlange nicht, dass meine Gegner Uniform tragen, aber sie sollten immerhin erkennbar sein. Nichts Schlimmeres als dieser polymorphe Krieg, in dem anscheinend Milizen ohne Erkennungszeichen agieren und sich in als Privatwagen getarnten Gefährten fortbewegen. Die Emittenten von CO_2, wo sind sie? Die Vernichter der Bienen, woher soll ich wissen, ob sie nicht in meinem Garten sind, und sogar in meinen Schränken? Die mit Covid Infizierten, wie soll ich sie hinter ihren Masken aufspüren – zumal wenn sie »asymptomatisch« sind? Die Nutznießer der Subventionen für die Erkundung von Erdölfeldern, wo sind sie aufzustöbern?

Ich sehe durchaus eine Lösung: jenseits meiner Grenzen zu halten, was ich doch für mein Überleben vital benötige. Eine perfekte Lösung: Auf der einen Seite profitiere ich weiter vom Zugang zu jener zweiten Welt; auf der anderen verweigere ich jenen anderen Akteuren, menschlichen wie nichtmenschlichen, jede Form von Staatsbürgerschaft, Anerkennung und gleichen Rechten. Natürlich versetzt mich diese Verweigerung, wie Pierre Charbonnier sagt, in eine heikle Lage, da ich gezwungen sein werde, weiterhin Territorien zu *besetzen*, deren Vorhandensein ich ansonsten *leugne*. Das ist genau die Position des *Abzockers*: rücksichtslose Gewaltanwendung zur Aufrechterhaltung der Okkupation – ob es sich um Kolonien handelt oder Erdöl, seltene Erden oder Verfügung über billige Arbeitskräfte – und nicht minder gewaltsame Zurückweisung jeglicher Verantwortung, da die Rechte der ersten Welt in der zweiten nicht gelten. Das sind die beiden Klauen der *Landnahme*: Die eine eignet sich an, die andere schließt aus. Immer wieder neue *Einzäunungen*. Wie kann ich diese Spannung nur aushalten? Die Abzockerei macht verrückt, denn das einzige Mittel, einen solchen Widerspruch zu lösen, besteht darin, aus der Welt zu flüchten. Ich werde als Klimaskeptiker anfangen, und wo enden? Bei den Verschwörungstheoretikern?

Sind diese ABZOCKER also meine Feinde? Keineswegs, bin ich doch selbst einer von ihnen, zu jedem Zeitpunkt meines Lebens! Wenn ich mich von ihnen trennte, was würde aus mir? Zumal die andere Lösung noch schwerer zu verkraften ist. Nehmen wir einmal an, ich als überzeugter Staatsbürger beschließe, um die Welt, in der ich lebe, und die Welt, von der ich lebe, eine neue Grenze zu ziehen, die beide einschließt, und von diesem Gebilde zu behaupten: »Dies ist mein Boden, dies mein Volk!« Was wird geschehen? Ich befinde mich immer noch in einer heiklen Lage, aber dieses Mal gegenüber einem Nationalstaat, dessen mehr oder weniger sorgloser Bürger ich bislang war. Ich werde zum Verräter in den Augen derjenigen, die sich bei der Bestimmung meiner neuen Staatsbürgerschaft gegen die Inklusion zahlloser – menschlicher oder nichtmenschlicher – Migranten sperren. Und die Konflikte werden sich in dem Maße vervielfachen, in dem ich meine Untersuchung ausdehne, mein neues Territorium weiter bevölkere, mehr Wissen zum Einsatz bringe, die alternativen Experimente vermehre und mich immer schärfer gegen die Sitten und Gebräuche der ABZOCKER wende. Und erneut finde ich mich aus jeder Form von Zugehörigkeit geworfen.

Wie sollen wir die nennen, die ohne Vaterland sind, weil sie das terrestrische Vaterland oder, besser, das terrestrische Mutter-Vaterland in die Definition ihres eigenen Landes einfügen wollen? »Anarchisten«? Ja, weil sie die Grenzen des Staates, in dem sie geboren sind, nicht achten. »Sozialisten«? Wenn man so will, aber wie sollen die Flechten und Wälder und Flüsse, wie der Humus und immer noch dieses verdammte CO_2 in die alte Idee von Sozietät, von Gesellschaft, eingefügt werden? »Weltbürger« – wenn diese Welt der Planet werden könnte? »Internationalisten«, wenn »Nation« sich auch auf die nichtmenschlichen Wesen ausdehnen könnte? »Interdependisten«, »Criticalzonisten«, »Loyalisten«, »Rekonnektoren«?

Während die ABZOCKER gewaltsam die Besatzung der zweiten Welt aufrechterhalten und genauso gewaltsam in die Verleugnung flüchten, müssen die *AUSBESSERER* – eine provisorische Bezeichnung, die ich ausprobiere – sich damit herumschlagen, die Territorien, die ihre Feinde nach der Besetzung und Verwüstung verlassen haben, neu miteinander zu verweben. Bei dieser Ausbesserei müssen sie jedoch ohne irgendeine der rechtlichen, polizeilichen, staatlichen, mentalen, moralischen, subjektiven Hilfsmittel der Nationalstaaten auskommen, in die sie immer noch eingeschlossen sind – zumindest bis jetzt. Und vor allem ohne die gesicherte Unterstützung der unzähligen Wesen jener zweiten Welt, die sie einbinden wollen, deren Sitten, Bräuche und Forderungen sie aber zumeist nicht kennen. Und was die Sache noch weiter kompliziert: Aufgrund der Überlagerung der Holobionten wird hinter jeder Grenze eine weitere Grenze sichtbar, eine weitere Welt von bisher unbekannten Operatoren, die jetzt berücksichtigt werden müssen. Woraus sich jene vielfältigen sogenannten »Umwelt«-Kontroversen über jeden Teilnehmer einer Welt ergeben, die in keiner Weise mehr eine gemeinsame ist: Fleisch, Atome, Wälder, Windkraftanlagen, Impfstoffe, Autos, Backsteine, Pestizide, Fische, Saatgut, Flüsse – das alles ist nun Stoff für Konflikte. Nur fügen sich diese Konflikte keineswegs zu einem erkennbaren Bild.

Während der letzten zwei Jahrhunderte organisierte eine große Maschine, ein riesiges Bühnenarrangement, alle Konflikte und erlaubte zumindest grob auszumachen, wo man für den Versuch, gerecht zu sein, Stellung beziehen musste. Es war der Konflikt zwischen den Reichen und den Armen, der durch die Unterscheidung zwischen Proletariern und Kapitalisten an Kontur gewann. Dieselbe Rolle spielt heute aufgrund seiner Allgegenwart, seiner Intensität, seiner Gewaltförmigkeit, seiner Komplexität der neue Konflikt zwischen ABZOCKERN und AUSBESSERERN (wenn denn die Bezeichnung angenommen wird), außer dass er weitaus mehr als nur die menschlichen Wesen mobilisiert. Zu sagen, dass er weltweit, global, sei, wäre ein Euphemismus. Bei ihm geht es um die Welt, nur dass die Definition der Welt je nach Konfliktpartei völlig unterschiedlich ausfällt. Vor allem aber verläuft er quer durch die frühere Klassenfront in tausendfachen Untersektionen – das haben uns die Gelbwesten gelehrt. Der Ausdruck *Intersektionalität* trifft vielleicht genau den Punkt. Erdacht, um die Neuheit der Konflikte zwischen den Menschenwesen zu erfassen, bezeichnet er noch angemessener die Konflikte zwischen ABZOCKERN und AUSBESSERERN, die erfordern, dass für jedes Streitobjekt die Frontlinien neu gezogen und andere Allianzen auf anderen Territorien geschmiedet, repariert, saniert, ausgebessert werden.

Das frühere Bühnenarrangement hing von der Ökonomie ab, da sich die Ungerechtigkeiten anhand der Stellung im »Produktionssystem« ausmachen ließen. In diesen neuen, sonderbaren Schlachten jedoch stellt die Ökonomie nur einen oberflächlichen Schleier dar, und es geht nicht mehr um die Produktion. Vielmehr handelt es sich um die Erzeugungspraktiken und die Möglichkeit bzw. Unmöglichkeit, die Voraussetzungen der Wohnbedingungen für jene Lebensformen zu wahren, fortzusetzen, ja auszubauen, die durch ihr Wirken die Hülle erhalten, in der sich auch weiterhin die Geschichte abspielt. Nicht mehr nur eine Geschichte der Klassenkämpfe, sondern eine Geschichte dieser um Wohnbedingungen kämpfenden neuen Klassen, Allianzen, Sektionen, die Nikolaj Schultz unter dem Begriff »geosoziale Klassen« untersucht. Das Nichtmenschlich-Werden der Menschenwesen verlagert die Ungerechtigkeit: Vereinnahmt wird nicht mehr der »Mehrwert«, sondern die Fähigkeit zu erschaffen, fortzubestehen oder zu erzeugen.

Stehen sich in dem Krieg von ABZOCKERN und AUSBESSERERN tatsächlich zwei Lager gegenüber? Das ist unmöglich, da der Begriff »Lager« auf revolutionäre Perioden zutraf, als man sich vorstellte, eine Welt durch eine andere radikal, total, zu *ersetzen*, durch einen großen dialektischen Umschlag, eine Art extremer Operation, zeitlich begrenzt, kohärent und konzertiert. Doch die schreckliche Ironie besteht darin, dass diese Ersetzung, dieser große Umschwung bereits stattgefunden hat und wir gerade dieser *an die Stelle getretenen Welt*, der modernisierten Welt, entrinnen und unsere wiederfinden – oder, was von ihr bleibt, zu neuer Blüte bringen wollen. Anthropozän ist der Name dieser totalen Revolution, die sich unter unseren Füßen vollzog, als wir in jenem glorreichen Jahr 1989 »den Sieg über den Kommunismus« feierten. Da ist sie, die seltsame Niederlage![11]

Was alle gegenwärtigen Schlachten so seltsam geraten lässt, ist die Tatsache, dass wir tatsächlich im Krieg sind, einem Krieg auf Leben und Tod, einem Ausrottungskrieg, und doch fühle ich mich außerstande, ihn in Lager einzuteilen, in zwei Lager, und mir dabei den Sieg des einen über das andere vorzustellen. Dies umso weniger, als wir, um uns unter einer Flagge zu versammeln, an Identitäten glauben müssten, wo die aktuelle Krise doch gerade die Grenzen eines jeden Begriffs von Identität offenbart. Die Feinde sind überall und zunächst in uns selbst, weil sie sich durch Dinge in unsere Territorien eingeschlichen haben, die ihren eigenen Bewegungslinien folgten – jenem Verlauf, den wir nicht erkennen konnten, da sie für bloße »leblose Objekte« gehalten wurden und ebendarum auf Abstand blieben. Daher die Verpflichtung, die Natur des Bodens Stelle für Stelle neu zusammenzusetzen, ja, ihn auszubessern; jedes Detail der kritischen

11 Anspielung auf Marc Blochs autobiographischen Bericht über die Niederlage Frankreichs 1940: *L'étrange défaite*; Anm. d. Ü.

Zonen ist eine Welt für sich, die uns einspannt und verpflichtet.

Und so frage ich mich, die Füße auf dem Kompass des Consortiums[12]: Erweitere ich mit meinen winzigen Handlungen das Schicksal derer, von denen ich bisher profitiert habe, oder beschneide ich es? Und deren Zahl wächst unaufhörlich, in dem Maße, wie die ineinander verschachtelten Holobionten sich auf allen Ebenen entfalten. Es gab zwar eine politische Kultur, politische Lust darauf, »fortzuschreiten« und diese Welt durch eine andere zu ersetzen, jedoch – seltsam genug – keine mit dem Ziel, *sich* an die ERDE *anzupassen*, um aufzuhören, *diese Welt durch eine andere zu ersetzen*. Anscheinend ist es notwendig, die Affekte, Einstellungen, Emotionen bis hin zur Orientierung unseres Handelns zu wechseln. Oh, ihr unglücklichen MODERNEN, wir verstehen nur zu gut, dass ihr euch danach gesehnt habt, wieder Menschen alten Schlags zu werden, frei, bindungslos, auf dem Weg hin zum Fortschritt, in vollen Zügen atmend, draußen, draußen! Die Qual Gregors. Und doch hat er rasch begriffen, dass dieser Versuchung nachzugeben hieße, auf schnellstem Weg seine Seele zu verlieren – wie wir die unsere dabei verlieren würden.

12 Gemeint ist das Konglomerat von Umweltaktivisten und ihren Verbänden; siehe {https://ouatterir.fr/index.php/consortium}; Anm. d. Ü.

13. Sich in alle Richtungen zerstreuen

Es ist schon ein sonderbares Unterfangen, ich gebe es zu, aus dem wiederholten Lockdown derart weitgehende Lehren ziehen zu wollen, dass fast eine metaphysische Erfahrung daraus wird. Und doch, es handelt sich sehr wohl um Meta-, Infra-, Para-Physik, denn dank dieser Prüfung kommen wir nicht umhin zu erkennen, dass wir noch nicht wissen, *wo* wir eigentlich eingesperrt sind, und dass wir die Konsistenz, Widerstandskraft, Physiologie, Resonanz, Kombination, Überlagerung, die Eigenschaften, die Materialität der Dinge, die uns umgeben, nicht auf dieselbe Weise verspüren. Während die MODERNEN hofften, in eine neue Ära einzutreten, sind sie jetzt gezwungen, wieder zu erlernen, sich im Raum zu verorten. Noch vor zwei Jahren wurden Seminare organisiert, bei denen man versuchte, die Quellen der Indifferenz gegenüber dem Klimaproblem zu sondieren. Inzwischen hat jeder verstanden, dass es nicht zu umgehen ist, was nicht heißt, dass man auch schon weiß, wie damit umzugehen ist. Denn hinter der politischen Frage – »Was tun? Wo ist der Ausweg?« – ist eine andere aufgetaucht: »Aber *wo sind wir* denn?« Dank des Lockdowns und sogar dieser grässlichen Maske, die uns entstellt und erstickt, beginnen wir zu spüren, dass hinter der politischen Krise eine *kosmologische* Krise auf uns wartet. Noch nie hatten wir es mit »leblosen Dingen« zu tun, in der Stadt, dieser Schöpfung von Lebewesen, ebenso wenig wie auf dem Land, wo alles die Spur des Handelns lebendiger Wesen trägt.

Natürlich ist es nicht das erste Mal. Die künftigen Industrienationen haben viele Mutationen dieser Größenordnung durchgemacht, vor allem an der Wende vom 16. zum 17. Jahrhundert, als sie ihrem alten, endlichen Kosmos, in dem sie sich eingesperrt fühlten, entrissen und in das unendliche Universum katapultiert wurden, das die gewaltsame Eroberung der »Neuen Welt« hatte erahnen lassen und das die stupenden Entdeckungen von Kopernikus und Newton weiter ausdehnten. Alles war neu zu durchdenken – das Recht, die Politik, die Architektur, die Dichtung, die Musik, die Verwaltung und selbstverständlich die Wissenschaften –, damit diese erste Verwandlung verarbeitet werden konnte. Damit akzeptierbar wurde, dass die Erde, zu einem Planeten unter anderen geworden, sich zu drehen begann. Seit Galilei herrschte die Vorstellung, dass wir im Begriff standen, in einer *anderen Welt* zu leben, in einem auf die Erde übertragenen, ihr aufgepfropften, auf sie verpflanzten UNIVERSUM. Aber ERDE ist aus einem ganz anderen Stoff gemacht. *Unter* der anderen Welt enthüllt sich noch eine andere. Sollte die Geschichte abermals in einer Schleife zurückführen? Eine Geschichte voller Falltüren. Wie kann man sich in diese Geschichte hineinschmiegen, ohne den Verstand zu verlieren?

Die Erde dreht sich heute von Neuem, aber dieses Mal *um* und *durch* sich selbst, und wir finden uns in ihrer Mitte wieder, eingefügt, eingeschlossen in ihr, eingeklemmt in die kritische Zone, und schaffen es absolut nicht mehr, hier noch einmal das große Epos von der Emanzipation anzustimmen. Eher fühle ich mich wie Wäsche in einer Waschtrommel, die bei hoher Temperatur mit wahnsinniger Geschwindigkeit geschleudert wird! Wieder ist alles neu zu erfinden, das Recht, die Politik, die Künste, die Architektur, die Städte, aber seltsamer noch: Auch die Bewegung, den Vektor unserer Handlungen, müssen wir neu erfinden. Nicht mehr ins Unendliche fortschreiten, sondern lernen, angesichts des Endlichen *zurückzuweichen*, *auszuscheren*. Das ist eine andere Art, sich zu emanzipieren. Eine Art Tasten. Seltsamerweise wieder in die Lage kommen, zu reagieren. Ja, ja, ich weiß, »reagieren« und »reaktionär« haben dieselbe Wurzel. Aber das macht nichts. Das Immer-weiter-Fortschreiten hat uns eingeschlossen; wenn wir lernen zurückzuweichen, wird uns aufgeschlossen. Wir müssen unsere Bewegungsfähigkeiten, ja unsere Wirkkräfte wiederfinden. Immer noch dieses Insekt-Werden, das andere Bewegungen ermöglicht, krabbenartige, kakerlakenhafte. Im rhythmischen Kriechen meines Gregor liegt Schönheit, liegt Tanz.

Nichts macht dieses Paradox deutlicher als die ausgezeichnete Idee, den sogenannten Earth Overshoot Day zu berechnen, den Tag, an dem der Primärenergieverbrauch des Jahres die verkraftbare Gesamtmenge überschreitet – eine Berechnung, die auf der zeitlichen Ebene eine Zäsur signalisiert, die ebenso eingreifend ist wie die räumliche. Dieser Indikator, so summarisch er auch sein mag, macht es jedem Staat möglich, ein immer präziseres Datum zu bestimmen und den Tag vorzumerken, an dem sein »Produktionssystem« (um einen überholten Begriff zu verwenden) das ausgeschöpft hat, was der Planet ihm zur Verfügung stellt. Um diese Grenzen – jedenfalls die zurzeit bekannten Grenzen – einzuhalten, müssten die Staaten diesen Tag möglichst weit *hinausschieben*, im Idealfall bis zum 31. Dezember. So weit sind wir natürlich nicht; anscheinend überschreitet die Menschheit insgesamt genommen ihre Grenzen am 29. Juli und lebt bis zum 31. Dezember »über ihre Verhältnisse«; die bei dem Planeten getätigte Anleihe von fünf Monaten belastet selbstverständlich die Bilanz des folgenden Jahres!

Was eine Vorstellung von der Heftigkeit und Allgegenwart der Konflikte zwischen den ABZOCKERN und den AUSBESSERERN vermittelt: Während die Ersteren in ihrer Gleichgültigkeit das fragliche Datum immer früher erreichen – wenn es nach ihnen ginge, hätten sie die Ressourcen des Jahres vor Mariä Lichtmess verbraucht –, versuchen die Letzteren, dieses Datum so weit wie möglich hinauszuschieben, im Idealfall bis Silvester. Im Frühjahr 2020 hatten sie einen kleinen Erfolg, denn dank des Lockdowns ließ sich ein *Zurückweichen* dieses Datums um drei Wochen verzeichnen. Ein höchst provisorischer Rückgang, den das Jahr 2021 erneut zu verschieben droht, infolge des »wirtschaftlichen Aufschwungs« aber in die falsche Richtung. (Anscheinend haben andere Erdverhaftete, die Viren zumal, aber auch die Füchse, Barsche, Delphine, Buckelwale, Kojoten jenen Rückgang genutzt, um ein wenig zu verschnaufen – und die Amseln, um ihren Gesang besser vernehmbar zu machen!)

Die Heftigkeit der Kraftproben zwischen ABZOCKERN und AUSBESSERERN wird ermessbar, wenn man an die schrecklichen Prüfungen denkt, die zu erdulden waren, um die Überlagerung der beiden Welten – der Zeit, *in der* man lebt, und dann, für den ganzen Rest des Jahres, der Zeit, *von der* man lebt und die man ignoriert – auch nur um ein paar Wochen aufzuschieben. Eine Weltwirtschaftskrise war erforderlich, um ein paar Tage zusammenzukratzen – nur um sie anschließend wieder zu verlieren! Nichts innerhalb der alten Dramaturgie, in der die an den Klassenkonflikten beteiligten Parteien sich über das Ziel der »Entwicklung der Produktion« einig waren, gibt eine Vorstellung von der Breite der Aufgaben, die denen bevorstehen, denen es um die Aufschiebung des Datums zu tun ist, an dem die Ressourcen verbraucht sind. Vor allem wenn diejenigen, die dies sogar noch beschleunigen wollen, zahllos und stark sind. Es geht dabei nicht mehr um Aufgaben der *Ent*wicklung, sondern – in der Logik des Lockdowns – um solche der *Ein*wicklung. Wie lässt sich die Vorstellung von Emanzipation aufrechterhalten, wenn man akzeptieren muss, sich einzureihen, einzubringen in diese Kämpfe? Man versteht die Versuchung, wieder Menschen alten Schlags zu werden und bei der vorangegangenen Verwandlung stehenzubleiben, der der »Großen Entdeckungen«, und die Flucht in den unendlichen Kosmos zu rühmen.

Das Erstaunlichste aber ist: Wir haben es schon erreicht, wir sind alle schon mutiert, ohne es überhaupt zu bemerken, da der politische Horizont, das, was man die »internationale Ordnung« nennt, vollständig, explizit und vor aller Augen durch die Herausforderung bestimmt wird, die Hülle zu erhalten, in der die Geschichte der Gegenwart sich abspielt, also in einer Sphäre, einer Blase, zwischen Grenzen, die zurzeit durch die berüchtigte Erhöhung der globalen Temperatur um zwei Grad definiert werden. Das Neue Klimaregime ist durch und durch ein politisches *Regime*. An der staatlichen Politik ist das kaum erkennbar, und doch: Die planetarische Politik ist bereits in jene andere Welt umgeschwenkt, von der die vom Lockdown Betroffenen einen Vorgeschmack bekommen haben und die die aus dem Lockdown Entlassenen mit Grausen entdecken: eine gekrümmte, begrenzte, durch eine Art Membrane, Zelt, Himmel, ja Atmosphäre, Klimaanlage notdürftig bewahrte Welt, die sie nicht mehr verlassen werden und innerhalb deren sie unter Wirkkräften zu leben haben, die nie mehr die Gestalt einer Landschaft aus »leblosen Dingen« annehmen wird.

Eine erstaunliche Kluft: Während die internationale Politik bereits umgeschwenkt ist, bleibt die *wissenschaftliche* Quelle dieses Verständnisses vom Boden unklar, mehr noch: fast unaussprechlich. Und doch, warum würden die berühmten »zwei Grad« zum Ziel jeder globalen, nationalen, lokalen oder persönlichen Entscheidung erhoben, wäre der Beweis dafür nicht längst unter der Hand akzeptiert, dass ERDE durchaus das prekäre Resultat einer Maschinerie von Lebewesen ist, die uns bisher die Wohnbedingungen eingeräumt hat, von denen wir aufgrund tausend diffuser Erfahrungen spüren, dass unser heutiges Handeln sie in Frage stellt? Wenn man so sehr fürchtet, sie zu zerrütten, muss man wohl als offenkundig akzeptiert haben, dass es eine Art fabelhaften »Thermostat« gibt, den zu beeinflussen die »Menschheit« – welch unwahrscheinliche Akteurin! – die Mittel hat. Eine doppelte Rückkopplungsschleife: Die Lebewesen sind fähig, ihre eigenen Existenzbedingungen zu schaffen; und in dieser Schleife steckt eine zweite: die Einwirkung der industrialisierten Menschen, dieser den anderen so nahe stehenden und so entgegengesetzten, so befreundeten und so verfeindeten Lebewesen, auf ebendiese Existenzbedingungen. Doppelter Lockdown, doppelte Hülle, doppelte Verwicklung.

ERDE bzw. Gaia strukturiert bereits den politischen Horizont, während ihre wissenschaftliche Existenz unbekannt ist, verachtet oder verleugnet wird, und ihre metaphysischen Konsequenzen unsichtbar bleiben. Eine Parallele zwischen der Erde zu ziehen, die sich in Galileis Sinn dreht, und der Erde, die sich im Sinn von James Lovelock und Lynn Margulis um sich selbst dreht, wie ich es zusammen mit Frédérique Aït-Touati auf hundert verschiedene Arten versuche, heißt jedes Mal, einen kleinen Skandal zu entfachen. Ausnahmsweise hat die instituierte Politik – die berühmten Klimaabkommen – einen Vorsprung vor den wissenschaftlichen Mentalitäten. Man tut weiterhin so, als sei es ein glücklicher Zufall, dass Organismen sich ihrer Umwelt »anpassen«, als hätten sie diese nicht *geschaffen* und dafür gesorgt, dass diese Umwelt sie begünstigte, was zunächst nicht der Fall war. Und als könnten sie nicht infolgedessen die Umwelt entsprechend dem Handeln jener – allzu pressierten – anderen Lebewesen, der Menschen, im günstigen oder ungünstigen Sinn umgestalten. Kein Wunder, dass der gesunde Menschenverstand nicht aus noch ein weiß. Man verlangt von uns, dass wir handeln, als ob wir mit ERDE lebten, während man alles tut, uns von ihr zu vertreiben. Was für eine widersprüchliche Anweisung! Eine Krise des Regimes, in der Tat, wenn man darunter eine des *planetarischen* Regimes versteht.

Die Autorität, die ERDE ausübt, durchkreuzt, stört, unterbricht, leugnet die Art und Weise, in der die Nationalstaaten, die in der modernen Epoche die Aufteilung des Bodens organisiert haben, ihre Souveränität ausüben. O nein, es geht nicht um eine übergeordnete Souveränität, die die der Staaten zu einer einzigen, unanfechtbaren Macht, einer Art Ersatz für eine »Weltregierung«, global bündeln würde. Denn ERDE ist nicht global. Seit es den ersten Bakterien gelungen ist, den frühen Planeten mit einer nur einige Zentimeter dünnen Schicht zu bedecken, hat sich ihr Fortbewegungs-, Erweiterungs-, Ansteckungsverfahren kaum geändert. Der dünne Film ist dicker geworden, hat sich erweitert, verstreut, aber immer nur Schritt für Schritt; nach viereinhalb Milliarden Jahren hat er die wenigen Kilometer der kritischen Zone immer noch nicht überschritten. Diese Ansteckung, diese virale Form der Verlagerung, lässt sich nicht in blendenden Machtemblemen einfangen, wie sie von den Imperien ausgedacht worden sind. Kein Palast, keine Pyramide, kein Kodex, kein Gefängnis, keine Kolonnade, keine Kuppel, kein Globus. Kein Kult. Keine Vergöttlichung.

Dennoch wird in vielen Formen und auf vielen Ebenen durchaus bereits eine Form von Macht ausgeübt, die denen zukommt, die sich gemeinsam als autonom und autochthon bezeichnen können. Nicht als autotroph, denn das lässt sich im strengen Sinn nur von Gaia behaupten, die man nicht überschreiten, nicht hinter sich lassen kann. In diesem Sinne ist sie *souverän*. Aber ihre Souveränität geht von unten aus und kommt durch Verkettung im Nahbereich zustande. ERDE hat nichts global Umspannendes, sosehr auch die Erdkugel, eine den menschlichen Imperien entlehnte Form, sich immer wieder in die Vorstellung von ihr einschaltet. Wir sind in ihr eingeschlossen, aber sie ist kein Gefängnis; wir sind bloß in sie *eingerollt*. Sich emanzipieren heißt nicht aus ihr ausscheren, sondern ihre Verstrickungen, Falten, Überlagerungen, Verflechtungen erkunden.

Zweifellos zwingt diese Ausdehnung Gaias dazu, die Formen von Souveränität zu zerlegen, die die Staaten sich zugelegt hatten. Es ist, als schäle Gaia diese Formen eine nach der anderen ab, um sie neu und besser zu verteilen. Was nicht weiter erstaunlich ist, rührt doch der Umriss der politischen Gebilde von der alten Kosmologie her, der des 16. und 17. Jahrhunderts, der Zeit von Bodin und Hobbes. Diese Dimension – die in Kilometern gemessene – hat der Nationalstaat ein für alle Mal zu fixieren versucht, indem er den Planeten – im alten Sinn der von oben gesehenen Planetenkugel – mit konfligierenden oder in fragilen Allianzen verbundenen Staaten bepflasterte. Der Lockdown hat jedem die Möglichkeit gegeben, diese Lokalisierung von oben anzufechten.

Die Erdverhafteten jedoch benutzen eine andere Dimension, die der miteinander verwobenen Lebensformen, die sie verpflichtet, bei jedem Thema die Beziehung zwischen klein und groß, begrenzt und verflochten, langsam und schnell ständig zu durchkreuzen und daher in Frage zu stellen. Da nichts von dem, was ERDE betrifft, sich an staatliche Grenzen hält und das Internationale nur einen winzigen Teil dessen abdeckt, worum es geht, zwingt der Regimewechsel zur Unterscheidung dessen, was jeweils in den Bereich des Schutzes, der Gerechtigkeit, der Polizei oder des Handels fällt, ohne dies unbedingt im nationalen Bereich zu wiederholen. Alle Konflikte zwischen ABZOCKERN und AUSBESSERERN beziehen sich auf eine solche Umverteilung der Macht. Territorien, denen es an Anerkennung mangelt, befinden sich immer *auf beiden Seiten* jeder Grenze. Die Grenze des Begriffs Grenze überschreiten: Das ist die neue Art, sich zu emanzipieren.

Infolge seines kasuistischen Vorgehens ähnelt seltsamerweise gerade das Recht diesen Formen eines zunehmenden und fragilen Universalisierens am meisten. Wie, ein Recht der ERDE, Gaias? Ja, denn es existiert seit jeher, Historiker und Anthropologen treffen überall auf seine Spuren, aber es wurde ignoriert, da es weder dem »Naturrecht« glich – die »Natur« war den Erdverhafteten noch nie ein Vorbild – noch dem der Imperien. Ein schwaches Recht, aber tatsächlich ein souveränes, dasjenige, das den Begriffen von Grenze Grenzen setzt, der Nomos aller anderen. ERDE – die Mutter des Rechts? *Sanctissima tellus*, noch nicht anerkennbar, instituierbar, aber schon überall präsent von dem Augenblick an, da die Erdverhafteten sich nicht mehr »außerhalb«, sondern innerhalb dessen befinden, was sie übersteigt und dem sie immer noch ihre Existenz verdanken.

Aber wenn ihr schon den Lockdown preisen wollt, wenn ihr euch anmaßt, uns der Souveränität Gaias zu unterstellen, dann gebt doch zu, dass ihr mit unserer Geschichte Schluss machen wollt. Sagt es doch offen, ihr wollt uns die Luft abdrücken und uns sogar, rundheraus gesagt, kastrieren. Wo ist die Innovation? Wo das Kreative? Wie finden wir den Luxus wieder, den Komfort, den Wohlstand? Wie können wir fortfahren, das geliebte Wort Freiheit zu feiern?[13]

Worauf die AUSBESSERER zu antworten versucht sind: »Wer hat euch denn gesagt, dass die Erdverhaf-

13 Anspielung an das Gedicht *Liberté chérie*, das Paul Éluard 1942 im besetzten Frankreich klandestin in Umlauf brachte; Anm. d.Ü.

teten nicht auch prosperieren wollen? Wer sagt euch, dass nicht auch wir frei sein wollen, endlich frei, den Ort zu verlassen, in den uns einzusperren ihr euch angemaßt habt? Wenn wir, die industrialisierten Menschen, etwas mit Gaia teilen, dann ist es nicht die Natur, sondern der Kunstgriff, die Erfindungsgabe, die Fähigkeit, nur den Gesetzen zu gehorchen, die wir uns selbst gegeben haben. Seltsamerweise ist diese erfinderische, verstreute, bescheidene, jawohl, *bescheidene* Kraft Gaias am besten über die Technik einzufangen. ERDE ist nicht grün, sie ist nicht ursprünglich, nicht unberührt, nicht ›natürlich‹. Sondern künstlich durch und durch. Man empfindet ihren Pulsschlag in der Stadt so gut wie auf dem Land, in einem Laboratorium so gut wie im Dschungel. Keine ihrer Ausgangsbedingungen machte ihre Ausbreitung notwendig, unvermeidlich. Keine der heutigen Bedingungen macht ihre Fortdauer notwendig, unvermeidlich. Die Intensität von ERDE offenbart sich am besten in jeder Innovation, in jedem organisatorischen Detail, jeder Maschinerie, jedem Dispositiv. Über Äonen hinweg haben die Lebensformen nur einige der Ausgangsbedingungen zu ihren Gunsten verwertet. Die Industrie der Menschen setzt diesen Prozess fort, indem sie immer mehr Atomkombinationen aktiviert, Mendelejews Periodensystem immer weiter ergänzt. Das macht aus ihr keinen Feind, im Gegenteil. Innovation und Kunstgriff, daraus besteht doch die Welt. Die Ungerechtigkeit, das Verbrechen kommen von der Sorglosigkeit, die glauben macht, man könne die Grenzen ignorieren, aber nicht lehrt, wie sie zu *umgehen* sind, denn das, das haben die Bakterien, die Flechten, die Pflanzen, die Bäume, die Wälder, die Ameisen, die Paviane, die Wölfe und auch Vinciane Desprets Freunde, die Kraken, ebenfalls sehr gut verstanden.«

Worin also liegt das Übel, das den Erfindungsgeist gelähmt und in eine einzige Richtung gedrängt hat, ins Bodenlose? Doch wohl in dieser seltsamen Perversion, die beansprucht, die Erfindungen auf ein einziges Ziel auszurichten: darauf, die Grenzen zu überschreiten, statt sie zu umgehen, um sich aus der Welt hinauszuprojizieren, oder, perverser noch: die sich anmaßt, das Paradies auf Erden zu errichten. Zwei Formen: die pseudoreligiöse Weltflucht, das pseudoprofane Paradies auf Erden. Man denke an Ivan Illichs schreckliche Warnung: »Die Verderbnis des Besten bringt das Schlimmste hervor.« Nicht so hat Gaia sich ausgebreitet, verlängert, kompliziert, instituiert. Weil sie es auf kein Ziel abgesehen hatte, konnte sie sich schließlich partiell selbst regulieren. Sie erweitert, verteilt, zerstreut sich. Wenn ihr uns zwingt fortzuschreiten, wenn ihr davon träumt, post-human zu werden, euch vorstellt, wir würden »wie die Götter« leben – seht ihr dann nicht, dass ihr uns die einzig mögliche Kraft entzieht, uns neu zu orientieren, nämlich die zu tasten, auszuprobieren, unser Scheitern zu hinterfragen, auszukundschaften? In der alten Welt hatte es vielleicht Sinn fortzuschreiten, zu einem Omegapunkt vorzudringen, aber wenn wir in die neue Welt umgeschwenkt, in den Rahmen der Existenzbedingungen zurückgekehrt sind, deren Reste auszubessern wir verpflichtet sind, dann ist die wichtigste Bewegung die, uns in alle Richtungen zu zerstreuen. Sofern uns überhaupt Zeit dazu bleibt.

Voilà, ihr seid gelandet, ihr seid abgestürzt, ihr grabt euch aus dem *ground zero* heraus, maskiert kommt ihr voran, eure Stimme ist kaum verständlich: eine Art Geflüster, wie das von Gregor, wie das meine. »Wo bin ich?« Was tun? Geradeaus gehen, wie Descartes denen riet, die sich im Wald verirrt haben? Nicht doch, ihr müsst euch maximal verstreuen, auffächern, um alle eure Überlebensfähigkeiten zu erkunden, um, so gut es geht, mit den Wirkmächten zu konspirieren, die die Orte, an denen ihr gelandet seid, bewohnbar gemacht haben. Unter dem wieder lastend gewordenen Himmelsgewölbe bilden andere Menschen, vermischt mit anderen Materien, gemeinsam mit anderen Lebewesen, andere Völker. Sie emanzipieren sich endlich. Sie beenden selbst den Lockdown. Sie verwandeln sich.

14. Um etwas mehr darüber zu erfahren

Dieses Buch wurde zwar im Stil einer philosophischen Erzählung geschrieben, dem meines Erachtens besten Verfahren, die schmerzhafte Prüfung des Lockdowns für die Einübung in den vom Neuen Klimaregime aufgezwungenen Kosmologiewechsel nutzbar zu machen; es beruht jedoch auf einer mannigfachen Zusammenarbeit mit vielen Freund*innen. In diesem letzten Teil, der Abschnitt für Abschnitt die zentralen Forschungen zusammenfasst, von denen ich mich habe inspirieren lassen, gehe ich näher auf die vielfältigen Überlagerungen ein, die jedes Buch zu einer Komposition von Holobionten macht …

Viele Autoren waren bereit, mein Manuskript zu lesen, insbesondere Alexandra Arènes, Anne-Sophie Breitwiller, Pierre Charbonnier, Vivian Depoues, Jean-Michel Frodon, Émilie Hache, Dusan Kasic, Frédéric Louzeau, Baptiste Morizot, Nikolaj Schultz und Isabelle Stengers; Frédérique Aït-Touati, Veronica Calvo, Maylis Dupont, Eduardo Viveiros de Castro und Nikolaj Schultz haben es sich nochmals im Detail vorgenommen und einige es sogar mehrfach gelesen; wie seit mehr als fünfundzwanzig Jahren schon hat Philippe Pignarre erneut daran geglaubt, dass ein Buch den Gesetzen der Schwerkraft trotzen könne. Ihnen allen gilt mein Dank.

1.

In Kapitel 1, »Ein Termite-Werden«, habe ich Franz Kafkas *Die Verwandlung* in der französischen Übersetzung von Bernard Lortholary benutzt (Paris: Garnier-Flammarion, 1988); der Begriff der »Fluchtlinie« ist natürlich entnommen dem Buch von Gilles Deleuze und Félix Guattari, *Kafka. Pour une littérature mineure*, Paris: Éditions de Minuit, 1975 (dt.: *Kafka. Für eine kleine Literatur*, übersetzt von Burkhart Kroeber, Frankfurt am Main: Suhrkamp, 1976). Was die Überlagerung der Stimmen der Figuren der *Verwandlung* anbetrifft, sollte man sich die Oper von Michaël Lévinas (Opéra de Lille, 2011) anhören; ein Ausschnitt ist im Internet abrufbar unter: {ictus.be/listen/michael-levinas-la-metamorphose} (dieses Hörereignis verdanke ich Chantal Latour).

Was die Termiten betrifft, habe ich mich mit meinem alten Exemplar von Edward O. Wilsons *The Insect Societies*, Cambridge, Mass.: Belknap Press of Harvard University Press, 1971, begnügt; hinsichtlich der Ameisen aber stütze ich mich auf Deborah M. Gordon, *Ant Encounters: Interaction Networks and Colony Behavior*, Princeton: Princeton University Press, 2010. Die Anspielungen auf die Schwierigkeiten der Orientierung am Schluss des Kapitels verweisen auf mein

Buch *Où atterrir? Comment s'orienter en politique*, Paris: La Découverte, 2017 (dt.: *Das terrestrische Manifest*, übersetzt von Bernd Schwibs, Berlin: Suhrkamp, 2018), das die Lage noch »von oben« betrachtete, vor der Prüfung durch den Lockdown; das vorliegende Buch ist gewissermaßen der Bericht nach dem Crash ...

2.

In Kapitel 2, »Eingesperrt in einem immerhin recht geräumigen Ort«, versuche ich ein Gedankenexperiment, zu dem mich der Besuch von Jérôme Gaillardet, Geochemiker am Pariser Institut physique du globe, bei einem improvisierten Aufenthalt während eines »Bildungsurlaubs« in Saint-Aignan-en-Vercors inspirierte. Jérôme ist seit sechs Jahren mein Mentor bei der Erforschung der »kritischen Zonen«. Wir versuchen beide, die lange Geschichte der Erde mit den – wie es früher hieß – »Humanwissenschaften« zu verbinden.

Anregen lasse ich mich hier von meinem Kollegen Tim Lenton, insbesondere von seinem gemeinsam mit Andrew Watson verfassten Buch *Revolutions that Made the Earth*, Oxford: Oxford University Press, 2011. Um die Erfahrung zugänglicher zu machen, greife ich auf den Versuch Peter Sloterdijks zurück, sinnlich erfassbar zu machen, dass es unmöglich ist, aus den abgesperrten klimatisierten Bezirken »herauszukommen«, die dem Leben eigen sind. Einen metaphysischen Ausdruck hat das in seiner Buchtrilogie

Sphären I-III gefunden, zumal in *Sphären II: Globen*, Frankfurt am Main: Suhrkamp, 1999 (frz.: *Sphères II*, übersetzt von Olivier Mannoni, Paris: Libella Maren Sell, 2010).

Ein kontinuierlicher Zusammenhang zwischen der »künstlichen« Stadt, der Berglandschaft und der Atmosphäre im selben geschlossenen »Innenraum«, aus dem man nicht herauskommt, ist nur denkbar, wenn man bereit ist, die Hypothese Gaia, an der ich seit über fünfzehn Jahren arbeite, ernst zu nehmen. Hier resümiere ich Timothy Lentons und Sébastien Dutreuils »What exactly is the role of Gaia?«, in: Bruno Latour und Peter Weibel (Hg.), *Critical Zones: The Science and Politics of Landing on Earth*, Cambridge, Mass.: MIT Press, 2020, S. 168-176. Dieses prachtvolle Buch, dessen Layout von Donato Ricci stammt, erschien anlässlich einer gleichnamigen Ausstellung im Karlsruher ZKM von Juli 2020 bis August 2021 und dient dem gesamten vorliegenden Buch als Quelle.

Um die Tragweite dieser Verschiebung der Kosmologie zu erfassen, muss man sich von diesen neuen Wissenschaften inspirieren lassen und zugleich den Schock der neuen Wissenschaftsgeschichte und -soziologie verarbeiten, die ich seit vierzig Jahren verfolge. Tatsächlich stehen diese Wissenschaften inmitten der Welt, die sie beschreiben und transformieren. Daher die Bedeutung der »bildgestützten Erkenntnis«, die auf dieses kapitale Thema der Geschichte der Wissenschaften verweist, das in meinem Artikel zusammengefasst ist: »Les ›vues‹ de l'esprit. Une introduction à l'anthropologie des sciences et des techniques«, *Culture technique*, 14, 1985, S. 4-30 (wie alle meine Artikel abrufbar unter : {bruno-latour.fr}).

Entfaltet wurde dieses Thema in Catelijne Coopmans et al., *Representation in Scientific Practice Revisited*, Cambridge, Mass.: MIT Press, 2014. Wunderbar weiterentwickelt haben es Lorraine Daston und Peter Galison in *Objectivité*, übersetzt von Sophie Renaut und Hélène Quiniou, Dijon: Les presses du réel, 2012 (dt.: *Objektivität*, übersetzt von Christa Krüger, Frankfurt am Main: Suhrkamp, 2007), sowie Frédérique Aït-Touati, *Contes de la Lune. Essai sur la fiction et la science modernes*, Paris: Gallimard, 2011. Was den Begriff der »Terrestrischen«, der »Erdverhafteten« anbelangt, so habe ich ihn eingeführt in *Face à Gaïa. Huit conférences sur le Nouveau Régime Climatique*, Paris: La Découverte, 2015 (dt: *Kampf um Gaia. Acht Vorträge über das neue Klimaregime*, übersetzt von Achim Russer und Bernd Schwibs, Berlin: Suhrkamp, 2017[14]); er hat den Vorteil, weder Gender noch Spezies näher anzugeben, sondern lediglich die lokale Situation und das Ineinander dessen, woraus die Wesen bestehen.

Unnötig zu betonen, dass ich aus Erfordernissen meiner Erzählung die Unterscheidung zwischen ERDE und UNIVERSUM übertrieben vereinfache.

14 Dort hießen sie noch »Erdverbundene«; Anm. d. Ü.

3.

Das Kapitel 3, »›ERDE‹ ist ein Eigenname«, rekurriert auf den Unterschied zweier Lokalisierungsprinzipien, die im gesamten Buch eine wesentliche Rolle spielen. Zu den Gefahren der »einfachen Lokalisierung« im philosophischen Sinn siehe Didier Debaise, *L'Appât des possibles. Reprise de Whitehead*, Dijon: Les presses du réel, 2015; aber ich verleihe ihr auch eine stärker kartographische Bedeutung, siehe dazu Valérie November, Eduardo Camacho und Bruno Latour, »Entering a risky territory: Space in the age of digital navigation«, *Environment and Planning D: Society and Space*, 28/4, 2010, S. 581-599; dabei stütze ich mich auf das wunderbare Experiment von Frédérique Aït-Touati, Alexandra Arènes und Axelle Grégoire, *Terra Forma. Manuel de cartographies potentielles*, Paris: B42, 2019.

Wer sich an den Gedanken gewöhnen will, dass »leblose Dinge« nie unserer Erfahrung gegeben sind, jedenfalls nicht auf Erden, lese Lynn Margulis' und Dorian Sagans *Microcosmos: Four Billion Years of Evolution from Our Microbial Ancestors*, New York: Summit Books, 1986 (frz.: *L'Univers bactériel*, übersetzt von Gérard Blanc und Anne de Beer, Paris: Albin Michel, 1989). Die sonderbare Wiederkehr der Begriffe des Supralunaren und des Sublunaren, traditionelle Termini der sogenannten »vorkopernikanischen« Kosmologie, wird verständlich beim Vergleich des Klassikers von Alexandre Koyré, *From the Closed World to the Infinite Universe*, Baltimore: Johns Hopkins Press,

1957 (frz.: *Du monde clos à l'univers infini*, aus dem Amerikanischen übersetzt von Raissa Tarr, Paris: PUF, 1962; dt.: *Von der geschlossenen Welt zum unendlichen Universum*, übersetzt von Rolf Dornbacher, Frankfurt am Main: Suhrkamp, 1969), mit zum Beispiel Timothy Lenton, *Earth System Science*, Oxford: Oxford University Press, 2016. Hier versetze ich den Rand diesseits des Mondes, was die Bedeutung des Terminus verändert.

Baptiste Morizot bemüht sich in seinem gesamten Werk, den Darwinismus zu spezifizieren und den Tieren wieder ihre Wirkmacht zu verleihen; siehe insbesondere *Raviver les braises du vivant*, Arles: Actes Sud, 2020; und seine Kritik in »Ce que le vivant fait au politique. La spécificité des vivants en contexte de métamorphoses environnementales«, in: Frédérique Aït-Touati und Emanuele Coccia (Hg.), *Le Cri de Gaïa. Penser avec Bruno Latour*, Paris: La Découverte, 2021, S. 77-118. Der Unterschied zwischen »Leben« und »LEBEN« ist Gegenstand der Arbeit von Sébastien Dutreuil, »Quelle est la nature de la terre«, in: ebd., S. 17-66.

Wer sich mit Gaia vertraut machen möchte, lese die originären Bücher von James Lovelock, insbesondere *Gaia: Die Erde ist ein Lebewesen* (übersetzt von Jochen Eggert und Marcus Würmli, Bern/München/Wien: Scherz Verlag, 1992); allerdings habe ich enorm profitiert von der 2016 an der Université de Paris I eingereichten Doktorarbeit von Sébastien Dutreuil, »Gaïa. Hypothèse, programme de recherche pour le système terre, ou philosophie de la nature?«; zudem stütze ich mich zur Präzisierung des Begriffs auf zwei unlängst erschienene Artikel: Bruno Latour und Timothy Lenton, »Extending the domain of freedom, or why Gaia is so hard to understand«, *Critical Inquiry*, Frühling 2019, S. 1-22; und vor allem Tim Lenton, Sébastien Dutreuil und Bruno Latour, »Life on Earth is hard to spot«, *The Anthropocene Review*, 7/3, 2020, S. 248-272.

Zum breiten mythologischen Inhalt des Konzepts ›Gaïa‹ siehe Bruno Latour, *Kampf um Gaia*, a.a.O., und besonders Deborah Bucchi, »Gaia face à Gaïa«, in: Frédérique Aït-Touati und Emanuele Coccia (Hg.), *Le Cri de Gaïa*, a.a.O, S. 165-184.

4.

Das Kapitel 4, »›ERDE‹ ist ein weiblicher Name, ›UNIVERSUM‹ nicht«, beginne ich mit dem Begriff der »kritischen Zone«, wobei ich mich auf Jérôme Gaillardet stütze, »The critical zone, a buffer zone, the human habitat«, in: Bruno Latour und Peter Weibel (Hg.), *Critical Zones*, a.a.O., S. 122-130. Für eine tiefer gehende Darstellung dieses Begriffs siehe den gesamten dritten Teil dieses Werks.

Das Verständnis dieser Zone verdankt viel den Erfindungen von Alexandre Arènes, die zusammengefasst sind in ihrem gemeinsam mit Jérôme Gaillardet und mir verfassten Artikel »Giving depth to the surface: An exercise in the Gaia-graphy of critical zones«, *The Anthropocene Review*, 5/2, 2018, S. 120-135, sowie in ihrer in Manchester entstehenden Doktorarbeit.

Die Heterogenität der kritischen Zonen eindrücklich gezeigt haben Susan Brantley et al. in »Crossing disciplines and scales to understand the critical zone«, *Elements*, 3, 2007, S. 307-314, sowie Susan Brantley in ihrem Beitrag »The critical zone paradigma – A personal view«, in: Bruno Latour und Peter Weibel (Hg.), *Critical Zones*, a.a.O., S. 140-141. Die Grenzen der kritischen Zonen hängen stark von der gewählten Zeitlichkeit ab.

Das erlaubt mir, jene berühmte Formel Whiteheads, »Bifurkation der Natur«, zu lokalisieren und etwas zu dramatisieren, die von Isabelle Stengers in *Penser avec Whitehead. Une libre et sauvage création de concepts*, Paris: Seuil, 2002, kommentiert wurde. Zu den Begriffen Hiatus und Überlagerung der Wirkmächte siehe mein Buch *Enquête sur les modes d'existence. Une anthropologie des Modernes*, Paris: La Découverte, 2012 (dt.: *Existenzweisen. Eine Anthropologie der Modernen*, übersetzt von Gustav Roßler, Berlin: Suhrkamp, 2014).

Über die Grenzen von Gaia siehe »Life on Earth is hard to spot« und Tim Lenton und Andrew Watson, *Revolutions that Made the Earth*, a.a.O. Die Lokalisierung der Physik war, seit Sharon Traweek, *Beam Times and Life Times: The World of High Energy Physicists*, Cambridge, Mass.: Harvard University Press, 1988, Gegenstand zahlreicher wissenschaftsgeschichtlicher Arbeiten. Einige Beispiele: Peter Galison, *How Experiments End*, Chicago: University of Chicago Press, 1987 (frz.: *Ainsi s'achèvent les expériences. La place des expériences dans la physique du XXe siècle*, übersetzt von Bertrand Nicquevert, Paris: La Découverte, 2002), und die Untersuchung über die Gravitationswellen von Harry Collins, *Gravity's Shadow: The Search for Gravitational Waves*, Chicago: The University of Chicago Press, 2004.

Die Verbindungen zwischen der Erzeugung und der Verschleierung der Frage des Geschlechts werden untersucht in Émilie Hache (Hg.), *De l'univers clos au monde infini*, Paris: Éditions Dehors, 2014, und dies., *Reclaim. Recueil de textes écoféministes*, Paris: Éditions Cambourakis, 2016. Für neuere Forschungen siehe ihren Aufsatz »Né-es de la Terre. Un nouveau mythe pour les terrestres«, *Terrestres*, 30. September 2020 {terrestres.org}; englisches Original »Born from earth. A new myth for earthbounds«, in: Bruno Latour und Peter Weibel (Hg.), *Critical Zones*, a. a. O., S. 266-271; Adele Clarke und Donna J. Haraway, *Making Kin not Population: Reconceiving Generations*, Chicago: Paradigm Press, 2018, sowie das Buch von Donna J. Haraway, *Staying With the Trouble: Making Kin in the Chthulucene*, Durham/London: Duke University, 2016 (frz.: *Vivre avec le trouble*, übersetzt von Vivien Garcia, Vaulx-en-Velin: Éditions des mondes à faire, 2020; dt.: *Unruhig bleiben. Die Verwandtschaft der Arten im Chthuluzän*, übersetzt von Karin Harrasser, Frankfurt am Main/New York: Campus).

5.

Das Kapitel 5, »Erzeugungsstörungen auf allen Ebenen«, verfolgt ein gleiches Problem, nämlich die Zusammensetzung der Körper, in anscheinend sehr unterschiedlichen Bereichen. Für nähere Angaben siehe Bruno Latour, Simon Schaffer und Pasquale Gagliardi (Hg.), *A Book of the Body Politic: Connecting Biology, Politics and Social Theory*, Venedig: Foundation Cini, 2020 {bit.ly/2z0GKYz}.

Ich stütze mich zunächst auf Deborah Danowski und Eduardo Viveiros de Castro, »L'arrêt de monde«, in: Émilie Hache (Hg.), *De l'univers clos au monde infini*, a. a. O., S. 221-339, dann auf meinen Artikel »Troubles dans l'engendrement«, *Le Crieur*, 14, Oktober 2019, S. 60-74, bevor ich dem wichtigen Buch von Pierre Charbonnier, *Abondance et liberté. Une histoire environnementale des idées politiques*, Paris: La Découverte, 2020, das Thema der »heiklen Lage« in der Wirtschaftspolitik entnehme.

Danach kann man dem Unterschied von Autotrophem und Heterotrophem sowie der langen Geschichte der Erde folgen in Lynn Margulis' und Dorian Sagans *Microcosmos: Four Billion Years of Evolution from Our Microbial Ancestors*, a. a. O., und in Emanuele Coccias *La Vie des plantes. Une métaphysique du mélange*, Paris: Payot, 2016 (dt.: *Die Wurzeln der Welt. Eine Philosophie der Pflanzen*, übersetzt von Elsbeth Ranke, München: Hanser, 2018).

Die kuriose Geschichte des Individualismus wird

hier zusammengefasst anhand der Lektüre von Ayn Rand, *Atlas Shrugged*, New York: Signet, 1957 (dt.: *Atlas wirft die Welt ab*, übersetzt von Hansjürgen Wille und Barbara Klau, Baden-Baden: Holle 1959; jetzt unter dem Titel *Der Streik*, übersetzt von Claudia Amor, München: K. M. John, 2012). Der kartesische Roman ist Thema eines wunderbaren Kapitels in Ayesha Ramachandran, *The Worldmakers: Global Imagining in Early Modern Europe*, Chicago: The University of Chicago Press, 2015.

Die Verbindungen zwischen Biologie und Soziologie verfolge ich weiter in einem gemeinsamen mit Shirley Strum verfassten Artikel, »Human social origins: Please tell us another origin story!«, *Journal of Biological and Social Structures*, 9, 1986, S. 169-187. Siehe auch den Sammelband: Bruno Latour, Simon Schaffer und Pasquale Gagliardi (Hg.), *A Book of the Body Politic*, a. a. O. Über die Erzeugungsstörungen auf allen Ebenen unterrichtet aus biologischer Perspektive Éric Bapteste, *Tous entrelacés*, Paris: Belin, 2018; doch am meisten lernt man über die Holobionten und die von ihnen implizierte Epigenetik beim Lesen von Scott F. Gilbert und David Epel, *Ecological Developmental Biology: The Environmental Regulation of Development, Health and Evolution*, Sunderland, Mass.: Sinauer Associates Inc., 2015. Eine vereinfachte Zusammenfassung findet sich in Scott Gilbert, Jan Sapp und Alfred Tauber, »A symbiotic view of life: We have never been individuals«, *The Quarterly Review of Biology*, 87/4, 2012, S. 325-341. Über die Faltungen der

Lebewesen zwischen Bakteriophagen und Viren habe ich viel durch die Forschungsarbeit von Charlotte Brives gelernt, »Pluribiose. Vivre avec les virus, mais comment?«, *Terrestres*, 14, Juni 2020 {terrestres.org/2020/06/01/pluribiose-vivre-avec-les-virus-mais-comment}.

6.

Kapitel 6, »›Hienieden‹ – allerdings gibt es kein Oben«, beruft sich auf die Kunstgeschichte; siehe zum Beispiel Hans Belting, *Das echte Bild. Bildfragen als Glaubensfragen*, München: Beck, 2005 (frz.: *La Vraie Image. Croire aux images?*, übersetzt von Jean Torrent, Paris: Gallimard, 2007), und vor allem Louis Marin, *Opacité de la peinture. Essais sur la représentation au Quattrocento*, Paris: Usher, 1989 (dt.: *Das Opake der Malerei. Zur Repräsentation im Quattrocento*, übersetzt von Heinz Jatho, Berlin: diaphanes, 2004). Der Frage des religiösen Bilds gehe ich nach seit meinem Artikel »Quand les anges deviennent de bien mauvais messagers«, *Terrain*, 14, 1990, S. 76-91, der weiterentwickelt wurde im Ausstellungskatalog: Bruno Latour und Peter Weibel (Hg.), *Iconoclash: Beyond the Image Wars in Science, Religion and Art*, Cambridge, Mass.: MIT Press, 2002; siehe darin insbesondere den Artikel von Joseph Koerner, »The icon as iconoclash«, S. 164-214. Dass das Religiöse nichts mit dem »Spirituellen« zu tun hat, greife ich wieder auf in *Jubiler ou les Tourments de la parole religieuse*, Paris: La Découverte, 2013 (2002) (dt.: *Jubilieren. Über religiöse Rede*, übersetzt von Achim Russer, Berlin: Suhrkamp, 2011).

Hinsichtlich der sonderbaren Geschichte der Verschmelzung von Himmel – *sky* – und HIMMEL – *heaven* – folge ich dem, was Eric Voegelin in *Die Neue Wissenschaft der Politik*, München: Fink, 2004 (frz.: *La Nouvelle Science du politique*, übersetzt von Sylvie Courtine-Denamy, Paris: Seuil, 2000) »Immanentisierung« genannt hat (weiter ausgeführt in *Kampf um Gaia*, Kap. 6, S. 313-372). Ich stütze mich auf die Doktorarbeit von Clara Soudan, »Spells of our Inhabiting«, Edinburgh, 1979. Zu einem sehr ähnlichen Begriff siehe das erstaunliche Buch von Ivan Illich, *In den Flüssen nördlich der Zukunft. Letzte Gespräche über Religion und Gesellschaft mit David Cayley*, übersetzt von Sebastian Trapp, München: Beck, 2006 (frz.: *La Corruption du meilleur engendre le pire*, übersetzt von Daniel De Bruycker und Jean Robert, Arles: Actes Sud, 2007). Für die Arten und Weisen, sich an derselben Stelle anders zu verorten, greife ich zurück auf Anna Lowenhaupt Tsing, *Le Champignon de la fin du monde. Sur les possibilités de vie dans les ruines du capitalisme*, übersetzt von Philippe Pignarre, Paris: La Découverte, 2017 (dt.: *Der Pilz am Ende der Welt: Über das Leben in den Ruinen des Kapitalismus*, übersetzt von Dirk Höfer, Berlin: Matthes & Seitz, 2018), sowie *Frictions. Délires et faux-semblants de la globalité*, übersetzt von Philippe Pignarre und Isabelle Stengers, Paris: La Découverte, 2020 (engl. Original: *Friction: An Ethnography of Global Connection*, Princeton: Princeton University Press, 2005).

Ganz unzweideutig unter dem Einfluss der Enzyklika von Papst Franziskus *Laudato si'* gewinnt die Frage der Menschwerdung ohne Ausflucht in eine »andere Welt« wieder an Fahrt. Dank der Anregung von Eduardo Viveiros de Castro habe ich mich für das rätselhafte Buch von Vitor Westhelle begeistert, *Eschatology and Space: The Lost Dimension in Theology Past and Present*, London: Palgrave, 2012. Im Rahmen des Collège des Bernardins in Paris setze ich diese Forschungen zusammen mit Frédéric Louzeau und Anne-Sophie Breitwiller fort.

7.

Das Kapitel 7, »Die Ökonomie wieder an die Oberfläche gelangen lassen«, fußt auf einer Vielzahl von Arbeiten. Der Begriff ›Ökonomie‹, wie er hier verwendet wird, stammt aus dem kapitalen Buch von Timothy Mitchell, *Carbon Democracy. Le pouvoir politique à l'ère du pétrole* (übersetzt von Christophe Jacquet, Paris: La Découverte, 2013; Original: *Carbon Democracy: Political Power in the Age of Oil*, London: Verso Books, 2011). Diesen Ansatz und insbesondere den Begriff der Ökonomisierung verdanke ich meinen Kollegen vom Centre de sociologie de l'innovation; siehe Michel Callon (Hg.), *Sociologie des agencements marchands. Textes choisis*, Paris: Presses de l'École nationale des mines de Paris, 2013, und sein Buch *L'Emprise des marchés. Comprendre leur fonctionnement pour pouvoir les changer*, Paris: La Découverte, 2017, sowie Michel Callon, Yuval Millo und Fabian Muniesa (Hg.), *Market Devices*, Oxford: Blackwell Publishers, 2007. Zu den Grenzen der Produktion siehe den Klassiker von Marshall Sahlins, *Stone Age Economics*, London: Tavistock, 1974 (frz.: Âge de pierre, âge d'abondance. Économie des sociétés primitives, übersetzt von Tina Jolas, Paris: Gallimard, 1976), sowie David Graeber, *Debt. The Last 5000 Years*, Hoboken: Melville House, 2011 (frz.: *Dette. 5000 ans d'histoire*, übersetzt von Françoise und Paul Chemla, Paris: Les liens qui libèrent, 2013; dt.: *Schulden. Die ersten 5000 Jahre*, übersetzt von Hans Freundl et al., Stuttgart: Klett-Cotta, 2012) sowie Bruno Latour und Vincent Lepinay, *L'économie, science des intérêts passionnés. Introduction à l'anthropologie économique de Gabriel Tarde*, Paris: La Découverte, 2008.

Dusan Kazics »Lösung« stammt aus seiner (an der AgroParisTech vorbereiteten und 2020 an der Université Paris-Saclay abgeschlossenen Dissertation) »Plantes animées. De la production aux relations avec les plantes«, und seinem Artikel »Le covid-19, mon allié ambivalent«, *AOC media*, 16. September 2020. Die Idee, dass die Ökonomie entzaubert werden muss, stammt von Philippe Pignarre und Isabelle Stengers, *La Sorcellerie capitaliste. Pratiques de désenvoûtement*, Paris: La Découverte, 2005. Die Entbindung des Begriffs der »NATUR« wird im Einzelnen analysiert in Karl Polanyi, *Origins of our Time. The Great Transformation*, London: Gollancz, 1945 (frz.: *La grande transformation: aux origines politiques et économiques de notre temps*, übersetzt von Catharine Malamoud und Maurice Angeno, Paris: Gallimard, 1983; dt.: *The Great Transformation. Politische und ökonomische Ursprünge von Gesellschaften und Wirtschaftssystemen*, übersetzt von Heinrich Jelinek, Wien: Europaverlag, 1977; Berlin: Suhrkamp, 2015). Die gleiche Distanzierung findet sich in Baptiste Morizot, *Manières d'être vivant*, Arles: Actes Sud, 2020. Dem religiösen Ursprung des Begriffs der Ökonomie der Natur widmen sich zahlreiche Arbeiten; siehe etwa Giorgio Agamben, *Le Règne et la Gloire. Pour une généalogie théologique de l'économie et du gouvernement. Homo Sacer II, 2*, übersetzt von Joël Garand und Martin Rueff, Paris: Seuil, 2008 (dt.: *Herrschaft und Herrlichkeit. Zur theologischen Genealogie von Ökonomie und Regierung [Homo sacer II.2]*, übersetzt von Andreas Hiepko, Berlin: Suhrkamp, 2010); und zu den Grenzen des Begriffs »oikos« siehe Emanuele Coccia, »Nature is not your household«, in: Bruno Latour und Peter Weibel (Hg.), *Critical Zones*, a. a. O., S. 300-304.

Die Kluft zwischen Interessenkalkül und Darwinismus wird besonders groß mit dem Begriff der sequentiellen Auslese, siehe dazu Ford Doolittle, »Darwinizing Gaia«, *Journal of Theoretical Biology*, 434, 2017, S. 11-19, und seinen Artikel »Is the Earth an Organism?«, *Aeon*, Dezember 2020. Siehe die Argumentation von Timothy Lenton et al., »Selection for Gaia across multiple scales«, *Science Direct*, 33/8, 2018, S. 633-645.

8.

Das Kapitel 8, »Ein Territorium beschreiben – aber an Ort und Stelle«, fußt auf der Erfahrung mit dem Consortium[15] »Où atterrir?«, dem dieses Buch gewidmet ist {ouatterrir.fr/index.php/consortium/}, einer Erfahrung, der sich weitere Einzelveröffentlichungen widmen werden. Eine Webversion wurde ausgelöst durch den Artikel »Inventer les gestes barrières contre le retour à la production d'avant crise«, in *AOC media* vom 29. März 2020, darin eine Art Fragenkatalog, der mehrfach im Internet abgewandelt wurde. Die Erfahrung der Selbst-Beschreibung schöpfe ich allerdings aus dem auf längere Zeit angelegten Pilotprojekt. Beim Begriff des Territoriums hat mich auch Vinciane Despret, *Habiter en oiseau*, Arles: Actes Sud, 2019, inspiriert.

Erneut ist wichtig, darauf hinzuweisen, dass Gaia nicht mit einem Organismus verwechselt werden darf; näher ausgeführt habe ich das in »Why Gaia is not a God of Totality«, *Theory, Culture and Society*, 34/2-3, 2017, S. 61-82.

Der Begriff der »Gemeingüter« erlebt eine Renaissance. Ich kenne keine bessere Art, dieses Gebiet zu durchstreifen, als das fabelhafte Unternehmen von Marie Cornu, Fabienne Orsi und Judith Rochfeld, *Dictionnaire des biens communs*, Paris: PUF, 2018.

15 Zu diesem Ausdruck siehe S. 157, Anm. 12; Anm. d. Ü.

9.

Wie das vorhergehende greift Kapitel 9, »Das Auftauen der Landschaft«, zunächst auf die Erfahrung mit dem Consortium »Où atterrir?« zurück. Der Ausdruck »Kompass« geht auf ein gemeinsam mit den Teilnehmern in verschiedenen französischen Städten ausgedachtes Protokoll zurück, dem ein von den Animatoren des Consortiums erstelltes Dispositiv zugrunde liegt.

Das Werk von Bruno Latour und Peter Weibel (Hg.), *Critical Zones*, a. a. O., versucht in Inhalt und Form diese allgemeine Bewegung des »Auftauens« detaillierter aufzugreifen.

Zur Erklärung der durch den »Lockdown« erzwungenen Rückwendung rekurriere ich auf die Kunstgeschichte, wie sie in Bruno Latour und Christophe Leclercq (Hg.), *Reset Modernity!*, Cambridge, Mass.: MIT Press, 2016, herangezogen wurde, und natürlich auf mein Buch *Nous n'avons jamais été modernes. Essai d'anthropologie symétrique*, Paris: La Découverte, 1991 (dt.: *Wir sind nie modern gewesen*, übersetzt von Gustav Roßler, Frankfurt am Main: Suhrkamp, 2008).

Die Erfindung des Naturalismus ist Thema des Buchs von Philippe Descola, *Par-delà nature et culture*, Paris: Gallimard, 2005 (dt.: *Jenseits von Natur und Kultur*, übersetzt von Eva Moldenhauer, Berlin: Suhrkamp, 2011); er führt es weiter aus in seinem neuen Buch *Les Formes du visible. Une anthropologie de la figuration* (Paris: Seuil, 2021), das vorweggenommen ist in *La Fabrique des images*, Paris: Éditions du Quai Branly-Somogy, 2010. Die laufende Arbeit von Frédérique Aït-Touati über die Erfindung des Landschaftsschauspiels wird auszugsweise vorgestellt in *Terra Forma*, a. a. O. Siehe schließlich mein Buch *What is the Style of Matters of Concern? Two Lectures in Empirical Philosophy*, Spinoza Lectures, Assen: Royal Van Gorcum, 2008.

Die Idee der Umkehrung des Eigentums wird vorgebracht von Sarah Vanuxem, *La Propriété de la terre*, Marseille: Wild Project, 2018, und im Artikel »Freedom from easements«, in: Bruno Latour und Peter Weibel (Hg.), *Critical Zones*, a. a. O., S. 240-247. Zur Umkehrung der gemeinsamen Landschaft in der Anthropologie siehe Deborah Bird Rose, *Wild Dog Dreaming: Love and Extinction*, Charlottesville u. a.: University of Virginia Press, 2011 (frz.: *Le Rêve du chien sauvage. Amour et exctinction*, übersetzt von Fleur Courtois-L'Heureux, Paris: La Découverte, 2020). Siehe den schönen Katalog: Juliette Dumasy-Rabineau, Nadine Gastaldi und Camille Serchuk (Hg.), *Quand les artistes dessinaient les cartes. Vues et figures de l'espace français, Moyen Âge et Renaissance*, Paris: Archives nationales et Éditions Le Passage, 2019.

Die Umkehrung des Verhältnisses von Individuum und Gesellschaft steht im Zentrum der Akteur-Netzwerk-Theorie, siehe mein Buch *Reassembling the Social – An introduction to Actor-Network-Theory*, Oxford: Oxford University Press, 2005 (dt.: *Eine neue Soziologie für eine neue Gesellschaft – Einführung in die Akteur-Netzwerk-Theorie*, übersetzt von Gustav Roßler, Frankfurt am Main: Suhrkamp, 2007).

10.

In Kapitel 10, »Vermehrung der sterblichen Körper«, mache ich Anleihen bei der Literatur der Science and Technology Studies (STS), insbesondere dem faszinierenden Buch von Anne-Marie Mol, *The Body Multiple: Ontology in Medical Practice,* Durham: Duke University Press, 2003, und dem Klassiker von Ivan Illich, *Medical Nemesis: The Expropriation of Health*, London: Calder & Boyars, 1975 (frz.: *Némésis médicale. L'expropriation de la santé*, übersetzt vom Autor unter Mithilfe von Jean-Pierre Dupuy, Paris: Seuil, 1975; dt.: *Die Enteignung der Gesundheit – Medical Nemesis*, übersetzt von Nils Thomas Lindquist, Reinbek b. Hamburg: Rowohlt, 1975; 5. Auflage: *Die Nemesis der Medizin. Die Kritik der Medikalisierung des Lebens*, übersetzt von Nils Thomas Linquist und Johannes Schwab, München: Beck, 2005), sowie seinem leider verkannten Buch *Gender*, New York: Pantheon Books, 1982 (frz.: *Le Genre vernaculaire*, übersetzt von Maud Sissung, Paris: Seuil, 1983; dt.: *Genus. Zu einer historischen Kritik der Gleichheit*, übersetzt von Ruth Kriss-Rettenbeck, Reinbek b. Hamburg: Rowohlt, 1983). Über die Erfassung der Körper siehe Evelyne Fox-Keller, *Refiguring Life: Metaphors of Twentieth-century Biology*, New York u.a.: Columbia University Press,

1995 (frz.: *Le Rôle des métaphores dans les progrès de la biologie*, übersetzt von Gilles Charpy und Marc Saint-Upery, Paris: Les Empêcheurs de penser en rond, 1999; dt.: *Das Leben neu denken: Metaphern der Biologie im 20. Jahrhundert*, übersetzt von Inge Leipold, München: Kunstmann, 1998), sowie meinen Artikel »How to talk about the body? The normative dimension of science studies«, *Body and Society*, 10/2-3, 2004, S. 205-229. Zu den vermehrten Zugriffen auf die leidenden Körper siehe Tobie Nathan und Isabelle Stengers, *Médecins et sorciers*, Paris: La Découverte, 1995.

Die Inversion der Verhältnisse von Innen und Außen ist in großem Maß Raymond Ruyer, *Néo-finalisme*, Paris: PUF, 2013 (1952), und William James natürlich die Kontinuität der Erfahrung zu verdanken. Zu dieser Tradition siehe Isabelle Stengers, *Réactiver le sens commun*, Paris: La Découverte, 2020. Für mich hat Donna Haraway die Verschmelzung der Feminismen mit den Biologien am weitesten vorangetrieben, angefangen mit *Manifeste cyborg et autres essais* (herausgegeben von Laurence Allard, Delphine Gardey und Nathalie Magnan, Paris: Exils éditeur, 2007), bis zu *Vivre avec le trouble*, a. a. O. (dt.: *Unruhig bleiben: Die Verwandtschaft der Arten im Chthuluzän*, a. a. O.). Siehe auch die im Entstehen begriffene Arbeit von Émilie Hache, »Né-es de la Terre. Un nouveau mythe pour les terrestres«, a. a. O.

11.

Das Kapitel 11, »Reprise der Ethnogenesen«, greift zurück auf meine Dramatisierung des Planeten, »We don't seem to live on the same planet«, in: Bruno Latour und Peter Weibel (Hg.), *Critical Zones*, a.a.O., S. 276-282, sowie auf den gemeinsam mit Dipesh Chakrabarty verfassten Artikel »Conflicts of planetary proportions: A conversation«, *Journal of the Philosophy of History*, 14, 3, 2020, S. 419-454. Zusammen mit Martin Guinard habe ich diese Frage in der Ausstellung im Rahmen der Kunstbiennale von Taipeh *You and I Don't Live on the Same Planet*, 2020-2021, weiterverfolgt.

Die »Planetaritätsregime« wiederum stammen von Christophe Bonneuil, *L'Historien et la Planète. Penser les régimes de planétarité à la croisée des écologies-monde, des réflexivités environnementales et des géo-pouvoirs* (im Erscheinen; dt.: »Der Historiker und der Planet. Planetaritätsregime an der Schnittstelle von Welt-Ökologien, ökologischen Reflexivitäten und Geo-Mächten«, in: Frank Adloff und Sighard Neckel [Hg.], *Gesellschaftstheorien im Anthropozän*, Frankfurt am Main/New York: Campus, 2020, S. 55-92). In Bezug auf den Planeten Exit stütze ich mich auf Nikolaj Schultz, »Life as Exodus«, in: Bruno Latour und Peter Weibel (Hg.), *Critical Zones*, a.a.O., S. 284-288, ferner Nastassja Martin, *Les Âmes sauvages. Face à l'Occident, la résistance d'un peuple d'Alaska*, Paris: La Découverte, 2016.

Zum Schlüsselbegriff der Diplomatie siehe Isabelle

Stengers, *La Vierge et le Neutrino*, Paris: Seuil/Les Empêcheurs de penser en rond, 2005, sowie »La proposition cosmopolitique« in: Jacques Lolive und Olivier Soubeyran (Hg.), *L'Émergence des cosmopolitiques*, Paris: La Découverte, 2007, S. 45-68. Voller Bewunderung bin ich für die täglich weiterverfolgte Arbeit von Atlas décolonial {decolonialatlas.wordpress.com}. Zum Schlüsselbegriff der Überlappung siehe Patrice Maniglier, »Petit traité de Gaïapolitique«, in: Frédérique Aït-Touati und Emanuele Coccia (Hg.), *Le Cri de Gaïa*, a. a. O., S. 185-217.

Zur Notwendigkeit des Anthropozentrismus siehe Clive Hamilton, *Defiant Earth: The Fate of Humans in the Anthropocene*, Cambridge: Polity Press, 2017. Über das Anthropozän liegt eine Unmenge Literatur vor, am besten schöpft man direkt aus der Datenquelle: Jan Zalasiewicz et al., *The Anthropocene as a Geological Unit*, Cambridge: Cambridge University Press, 2019.

Den Begriff der auf unterschiedlichste Weise sich überlagernden Monade habe ich Gabriel Tarde, *Monadologie et sociologie*, Paris: Les Empêcheurs de penser en rond, 1999 (1895) (dt.: *Monadologie und Soziologie*, übersetzt von Juliane Sarner und Michael Schillmeier, Frankfurt am Main: Suhrkamp, 2008) entnommen. Für eine Weiterentwicklung dieser Intuition siehe insbesondere Bruno Latour et al., »›Le tout est toujours plus petit que ses parties‹. Une expérimentation numérique des monades de Gabriel Tarde«, *Réseaux*, 31/1, 2013, S. 199-233.

Der Gegensatz zwischen königlichen und nomadischen bzw. umherschweifenden Wissenschaften ist entlehnt dem Buch von Gilles Deleuze und Félix Guattari, *Mille plateaux. Capitalisme et schizophrénie*, Paris: Éditions de Minuit, 1980 (dt.: *Kapitalismus und Schizophrenie. Tausend Plateaus*, übersetzt von Gabriele Ricke und Ronald Voullié, Berlin: Merve, 1992).

Zur variablen Dimension in der Zeit von Gaia siehe erneut Lenton et al., »Selection for Gaia across multiple scales«, a. a. O., und zum Einfluss des Anthropozäns Timothy Lenton und Bruno Latour, »Gaia 2.0.«, *Science*, 14. September 2018, S. 1066-1068.

12.

In Kapitel 12, »Höchst sonderbare Schlachten«, stütze ich mich erneut auf Pierre Charbonnier, *Abondance et liberté*, a. a. O., sowie auf die Forschungen von Nikolaj Schultz über die geosozialen Klassen, insbesondere »New climates, new class struggles«, in: Bruno Latour und Peter Weibel (Hg.), *Critical Zones*, a. a. O., S. 308-312. Ein Porträt der ABZOCKER ist im Werk von Saskia Sassen gezeichnet, insbesondere in *Expulsions: Brutality and Complexity in the Global Economy*, Cambridge, Mass. / London: Belknap Press of Harvard University Press, 2014 (frz.: *Expulsions. Brutalité et complexité dans l'économie globale*, übersetzt von Pierre Guglielmina, Paris: Gallimard, 2016). Siehe auch Lucas Chancel, *Insoutenables inégalités*, Paris: Les petits matins, 2017.

13.

In Kapitel 13, »Sich in alle Richtungen zerstreuen«, benutze ich das vom Global Footprint Network eingesetzte Berechnungssystem, den sogenannten ökologischen Fußabdruck (siehe dazu: {http://www.footprintcalculator.org/}). Zur Verzögerung des Earth Overshoot Day im Frühjahr 2020 siehe zum Beispiel: {https://www.umweltbundesamt.de/themen/earth-overshoot-day-2020-ressourcenbudget}.

Über die erstaunliche Einbindung der unsichtbaren Theorie der Selbstregulierung in die Klimaverhandlungen siehe Stefan Aykut und Amy Dahan, *Gouverner le climat? Vingt ans de négociation climatique*, Paris: Presses de Sciences Po, 2015, und die ausführliche Analyse des Einflusses von Lovelock auf die Wissenschaften des Systems Erde in Sébastien Dutreuil, *Gaïa. Hypothèse, programme de recherche pour le système terre, ou philosophie de la nature?*, a. a. O. Der Terminus Selbstregulierung stellt den strittigen Punkt dar zwischen Lovelock, der zu einem kybernetischen Modell neigt, und Margulis, die sich mit dem Nahkontakt der Lebewesen begnügt, ohne irgendein globales Modell heranzuziehen.

Seit zehn Jahren verfolge ich zusammen mit Frédérique Aït-Touati Theaterexperimente, um gegen die herkömmlichen kosmologischen Evidenzen das wissenschaftliche Konzept von Gaia buchstäblich in Szene zu setzen. Siehe die verschiedenen Mitschnitte von *Inside*, 2018, *Moving Earths*, 2019: {youtube.com/

watch?v=ANhumN6INfI&feature=youtu.be}, und das Stück *Gaïa Global Circus*, Text von Pierre Daubigny.

Die Verbindung zwischen der Frage des Staats und den neuen Formen der Souveränität ist Thema meiner drei letzten Vorträge in *Kampf um Gaia*, a. a. O., S. 313-490. Ich stütze mich auf die laufenden Forschungen von Dorothea und Pierre-Yves Condé.

Zum Verständnis des Gegensatzes zwischen Gaia und den Begriffen ›Globus‹ oder ›Globalität‹ siehe meinen Artikel »Why Gaia is not a God of Totality«. Der »Nomos der Erde« geht natürlich zurück auf das entscheidende Buch Carl Schmitts, *Der Nomos der Erde*, Berlin: Duncker & Humblot, 5. Aufl. 2011 (frz.: *Le Nomos de la Terre dans le droit des gens du* Jus Publicum Europaeum, übersetzt von Lilyane Deroche-Gurcel, Paris: PUF, 2001); zu dem bei Schmitt implizierten neuen Begriff des Raums siehe meinen Artikel »How to remain human in the wrong space? A comment on a dialog by Carl Schmitt«, *Critical Enquiry*, 47/4, S. 699-718.

Zur Anthropologie der verschiedenen Kulte der Erde siehe den faszinierenden Sammelband von Renée Koch-Piettre, Odile Journet und Danouta Liberski-Bagnoud (Hg.), *Mémoires de la Terre. Études anciennes et comparées*, Grenoble: Jérôme Millon, 2020. Ivan Illichs Mahnung stammt aus seinem Buch *In den Flüssen nördlich der Zukunft. Letzte Gespräche über Religion und Gesellschaft mit David Cayley*, a. a. O.

edition suhrkamp
Eine Auswahl

Bini Adamczak. Beziehungsweise Revolution. 1917, 1968 und kommende. es 2721. 313 Seiten

Bruno Amable / Stefano Palombarini. Von Mitterrand zu Macron. Über den Kollaps des französischen Parteiensystems. es 2727. 255 Seiten

Perry Anderson. Hegemonie. Konjunkturen eines Begriffs. es 2724. 249 Seiten

Scott Anderson. Zerbrochene Länder. Wie die arabische Welt aus den Fugen geriet. es-Sonderdruck. 263 Seiten

Wolfgang Bauer
- Bruchzone. Krisenreportagen. es-Sonderdruck. 349 Seiten
- Über das Meer. Mit Syrern auf der Flucht nach Europa. es-Sonderdruck. 133 Seiten

Zygmunt Bauman
- Die Angst vor den anderen. Ein Essay über Migration und Panikmache. es-Sonderdruck. 124 Seiten
- Retrotopia. es-Sonderdruck. 220 Seiten

Michael Butter. »Nichts ist, wie es scheint«. Über Verschwörungstheorien. es-Sonderdruck. 270 Seiten

Colin Crouch
- Gig Economy. Prekäre Arbeit im Zeitalter von Uber, Minijobs & Co. es 2742. 135 Seiten
- Postdemokratie. es 2540. 159 Seiten

NF 383/1/9.21

Adrian Daub. Was das Valley denken nennt. Über die Ideologie der Techbranche. es 2750. 158 Seiten

Didier Eribon
- Gesellschaft als Urteil. Klassen, Identitäten, Wege. es-Sonderdruck. 264 Seiten
- Rückkehr nach Reims. es-Sonderdruck. 237 Seiten

Heinrich Geiselberger (Hg.). Die große Regression. Eine internationale Debatte über die geistige Situation der Zeit. es-Sonderdruck. 318 Seiten

Masha Gessen. Leben mit Exil. Über Migration sprechen. 98 Seiten

Kristen R. Ghodsee. Warum Frauen im Sozialismus besseren Sex haben. Und andere Argumente für ökonomische Unabhängigkeit. es-Sonderdruck. 275 Seiten

Marius Goldhorn. Park. Roman. es 2764. 179 Seiten

Mark Greif. Bluescreen. Essays. es 2629. 231 Seiten

Jürgen Habermas. Im Sog der Technokratie. Kleine politische Schriften XII. es 2671. 193 Seiten

Lea Haller. Transithandel. Geld- und Warenströme im globalen Kapitalismus. es 2731. 512 Seiten

Sabine Hark. Gemeinschaft der Ungewählten. Umrisse eines politischen Ethos der Kohabitation. es 2774. 271 Seiten

David Harvey. Rebellische Städte. es 2657. 283 Seiten

NF 383/2/9.21

Wilhelm Heitmeyer. Autoritäre Versuchungen. Signaturen der Bedrohung 1. es 2717. 394 Seiten

Axel Honneth. Vivisektionen eines Zeitalters. Porträts zur Ideengeschichte des 20. Jahrhunderts. es 2678. 307 Seiten

Eva Illouz. Israel. Soziologische Essays. es 2683. 228 Seiten

Dirk Jörke. Die Größe der Demokratie. Über die räumliche Dimension von Herrschaft und Partizipation. es 2739. 280 Seiten

François Jullien. Es gibt keine kulturelle Identität. es 2718. 95 Seiten

Susanne Kaiser. Politische Männlichkeit. Wie Incels, Fundamentalisten und Autoritäre für das Patriarchat mobilmachen. es 2765. 268 Seiten

Ariane Koch. Die Aufdrängung. Roman. es 2784. 179 Seiten

Ivan Krastev. Europadämmerung. Ein Essay. es 2712. 143 Seiten

Benjamin Kunkel. Utopie oder Untergang. Ein Wegweiser für die gegenwärtige Krise. es 2687. 245 Seiten

Bruno Latour
- Das terrestrische Manifest. es-Sonderdruck. 136 Seiten
- Wo bin ich? Lektionen aus dem Lockdown. es 2771. 199 Seiten

Philipp Lepenies. Die Macht der einen Zahl. Eine politische Geschichte des Bruttoinlandsprodukts. es 2673. 186 Seiten

NF 383/3/9.21

Enis Maci. Eiscafé Europa. Essays. es 2726. 240 Seiten

Philip Manow
- Die Politische Ökonomie des Populismus. es 2728. 160 Seiten
- (Ent-)Demokratisierung der Demokratie. 160 Seiten

Lorenzo Marsili/Niccolò Milanese. Wir heimatlosen Weltbürger. es 2736. 280 Seiten

Steffen Mau. Das metrische Wir. Über die Quantifizierung des Sozialen. es-Sonderdruck. 307 Seiten

Robert Misik. Die falschen Freunde der einfachen Leute. es 2741. 138 Seiten

Franco Moretti. Kurven, Karten, Stammbäume. Abstrakte Modelle für die Literaturgeschichte. es 2564. 138 Seiten

Chantal Mouffe. Für einen linken Populismus. es 2729. 111 Seiten

Jan-Werner Müller
- Furcht und Freiheit. Für einen anderen Liberalismus. es-Sonderdruck. 170 Seiten
- Was ist Populismus? Ein Essay. es-Sonderdruck. 159 Seiten

Oliver Nachtwey. Die Abstiegsgesellschaft. Über das Aufbegehren in der regressiven Moderne. es 2682. 263 Seiten

Ole Nymoen/Wolfgang M. Schmitt. Influencer. Die Ideologie der Werbekörper. es-Sonderdruck. 191 Seiten

Volker Perthes. Das Ende des Nahen Ostens, wie wir ihn kennen. es-Sonderdruck. 143 Seiten

NF 383/4/9.21

Paul B. Preciado. Ein Apartment auf dem Uranus. Chroniken eines Übergangs. es-Sonderdruck. 368 Seiten

Adam Przeworski. Krisen der Demokratie. es 2751. 256 Seiten

Jedediah Purdy. Die Welt und wir. Politik im Anthropozän. es-Sonderdruck. 186 Seiten

Hanno Rauterberg
- Die Kunst und das gute Leben. Über die Ethik der Ästhetik. es 2696. 205 Seiten
- Wie frei ist die Kunst? Der neue Kulturkampf und die Krise des Liberalismus. es 2725. 141 Seiten

Andreas Reckwitz. Das Ende der Illusionen. Politik, Ökonomie und Kultur in der Spätmoderne. es 2735. 305 Seiten

César Rendueles
- Kanaillen-Kapitalismus. Eine literarische Reise durch die Geschichte der freien Marktwirtschaft. es 2737. 300 Seiten
- Soziophobie. Politischer Wandel im Zeitalter der Utopie. es 2690. 262 Seiten

Rachel Salamander. Heine und der deutsche Donner. Heine-Preis 2020. Laudatio: Frank-Walter Steinmeier. es-Sonderdruck. 48 Seiten

Ulrich Schmid. Technologien der Seele. Vom Verfertigen der Wahrheit in der russischen Gegenwartskultur. es 2702. 386 Seiten

Michel Serres. Was genau war früher besser? Ein optimistischer Wutanfall. es-Sonderdruck. 80 Seiten

NF 383/5/9.21

Olga Shparaga. Die Revolution hat ein weibliches Gesicht. Der Fall Belarus. es 2769. 231 Seiten

Philipp Staab. Digitaler Kapitalismus. Markt und Herrschaft in der Ökonomie der Unknappheit. es-Sonderdruck. 345 Seiten

Carlo Strenger
- Abenteuer Freiheit. Ein Wegweiser für unsichere Zeiten. es-Sonderdruck. 122 Seiten
- Diese verdammten liberalen Eliten. Wer sie sind und warum wir sie brauchen. es-Sonderdruck. 172 Seiten

Kate Tempest
- Brand New Ancients/Brandneue Klassiker. Lyrik. es 2733. 103 Seiten
- Let Them Eat Chaos. Sollen sie doch Chaos fressen. es 2754. 154 Seiten

Philipp Ther. Das andere Ende der Geschichte. Über die Große Transformation. es 2744. 199 Seiten

David Van Reybrouck. Zink. es-Sonderdruck. 86 Seiten

Raul Zelik. Wir Untoten des Kapitals. Über politische Monster und einen grünen Sozialismus. es 2746. 328 Seiten

Slavoj Žižek. Auf verlorenem Posten. es 2562. 319 Seiten

Gabriel Zucman. Steueroasen. Wo der Wohlstand der Nationen versteckt wird. es-Sonderdruck. 118 Seiten

NF 383/6/9.21